與神對話

Conversations with God

An Uncommon Dialogue

Neale Donald Walsch 著 王季慶 譯

作者簡介

尼爾·唐納·沃許（Neale Donald Walsch）。一九九五年，在他人生最低潮期，一天因寫了一封憤怒信給神，沒想到這信竟得到了回答，也因此產生了一本驚世之作——《與神對話》。之後，他整個的人生觀與生活都改變了。而創立了一個叫做「再創造」（ReCreation）的組織，專門致力在傳播自己所領悟的喜悅、真理與愛的信念。目前與妻子南茜住在美國的奧勒岡。

譯者簡介

王季慶，成大建築系畢，留學加拿大，並旅美十餘年。

一九七六年首度接觸啓悟性的「賽斯資料」後，心弦震動，遂開始譯介賽斯書系列及新時代經典作品共十餘種，為國內新時代思潮之發起人。

除了譯書之外，也常在報章雜誌撰寫專欄、演講、座談、接受媒體採訪等，並在全省各地組織讀書會，近更成立「中華新時代學會」，開設各類相關課程。

〈推薦序〉

一生在等待的書

孟東籬

這是《與神對話》三部曲中的第一部，書中所講述的都是人生至為重要的事。依據原著者所說，本書的來源是創始宇宙的神，也就是一般所謂的上帝或天主。

身為此書的譯者之一，我覺得我目前並不足以寫一篇允當的序文或導論，主要是因為本書有許多關鍵性的訊息我還未能參透，還未能釋然。

然而，這卻是我讀過的書中對我最重要的一部。或許可說，我的一生都在等待這樣的書，都在想要從這樣的來源得知這樣的訊息。

這書的資訊來源，聲稱是創造我們宇宙的神。我不知道是真是假，但他發言的方式，讓我欣然願意相信他是真的，我覺得他充滿了關切，充滿了對人們循循善誘，充滿了智慧與幽默，充滿了光明與肯定。

我覺得，如果宇宙的神是這樣的，我願意跟隨他，常伴左右。

但是，我並沒有失去或放棄我的思辨能力。我仍是嚴嚴的思辨，牢牢的把關。如果有神，則人的思辨能力是神賦予人的重大禮物，為了尊敬神，你都必須好好展用它，不然就枉費了神的美意。

而如果沒有神，則人的思辨能力更是我們辨別是非的重大依據。

人類從來就不應拋棄他的思考能力。

當然，這不代表頑固與執著。人的心，也應隨時向新的訊息開放；只是，他必須懂得檢驗。

這三部曲，第一部述說個人生活中至爲重要的事，第二部述說整個地球和全人類至爲重要的事，第三部則述說全宇宙至爲重要的事。這三部曲已出書數年，在美國造成轟動。我譯了第二部，並詳讀了第一部的英文版。雖然如此，我還是不能說「詳讀」了這兩本書。因爲我還不能把書中的訊息融會貫通。我認爲，這是一部必須一讀再讀，詳加思考與領會的書。

讀這部書，如跟一個和煦的謙謙君子談論宇宙人生，而他懂得很多，他可以無限寬和與退讓，他可以風趣幽默而又無所不談，暢行無阻而又時有感慨，他的溫煦眞的讓你覺得他是一個光體；而當你想到跟你促膝而談的這個謙謙君子，竟然（可能）是創造宇宙的神時，心裡會感到高興與安慰。

當然，他談的很多事情是我不能了解或不能接受的，有些時候也頗讓我忿忿不平。但他又讓我覺得我可以有不解的從容，可以有不平的權利。

因爲，他說，我就是神。我跟他是同質的，我是他的一部分，我是他的分身，或者我是他的化身。

這個，我相信。因爲這是唯一合理的推論。宇宙中的一切都是神的一部分，都是他的分身與化身。宇宙的全體就是神。

然而，我跟他的爭執也就在這裡：如果宇宙中的一切都是神的分身與化身，那爲什麼神的分身與化身要互相廝殺與吞食呢？爲什麼要有這麼多悲劇呢？爲什麼非洲的小孩要餓死呢？爲什麼母親的乳房要淪爲這般乾癟呢？人類的本質既然是神，爲什麼經過億億萬萬年的演化或輪迴，還這般愚蠢與殘暴呢？神爲體會他自己爲無限光明之身，非得要生靈塗炭不可嗎？

書中的神一再試圖爲此解釋，但我仍是不能接受，我心中的不平不能爲此釋然。

其實就我個人的際遇而言，我是經年充滿感激的；爲天地與萬物的美與奧秘，我也經常充滿讚嘆與感激。我不能釋懷的是各種有生之物所遭遇的摧殘與悲劇。這些事情令人傷痛。如果宇宙間並無有知有情的神，則一切悲劇只是運行與演化所造成；但如果宇宙中有一位有知有情的神，則生命所遭遇的悲劇便變得不但不可解，不可接受，並且不可原諒。

領會宇宙的生命，是我這一生最重要的課題，但我還沒有看過一本書像這三部曲一樣，明白表示出自創世的神，並用這麼明白而現代化的觀念與語言談論宇宙與人生的要事——而大部分又說得那麼好。

至於那些我們所不解和不能接受的部分，我也願意用心去思辨。最重要的是，這個「神」，我願意聆聽他，願意與之對話或爭吵。這在我，是重大的一步。

〈譯序〉

一部不可多得的好書

王季慶

悟道就是了解無處可去，無事可做，並且，除了你現在是的那個人之外，你也不必做任何其他人。

當年，趁出國之便，找到這本書《與神對話》（Converstatins with God），一讀之下，果然是一本不可多得的書，雖然，我並沒有拍案叫絕，因爲承受過「賽斯震撼」之後，我選書的眼光更高，也更不容易輕易推崇某家理論。

且說，就這本書所言是來自「神」的話語，我便不願、也無法下斷語說是或非。因爲，就如書中也說過，我們每個人皆爲神所造，皆爲神的一部分，並且也是「共同創造者」，神本身應無法人格化。

天上地下，除了神沒有別的！

通靈的現象，古今中外，所在多有，我所看重的，是其內容有沒有與我內在之知相呼應。

這本書，許多地方，以世俗眼光來看，或爲離經叛道，可是，我感受得到其道理的眞實，以及「神」內心對人和世間一切的了解、悲憫和愛。

作者尼爾是一位充滿挫折感的中年求道者，向神發出了質疑和呼救，而神以「自動書寫」的方式與他對話。於是，產生了這「三部曲」。

第一冊包括基本眞理，主要的理解，並且談論基本的個人事務和主題。

第二冊包括影響更深遠的眞理，更大的理解，並談論全球的事務和主題。

第三冊包括人類目前所能理解的最大的眞理，並談論宇宙性的事務和主題——全宇宙的生靈所處理的事務。

作者尼爾扮演人類代言人的角色，對許多我們每個人一生中多少會思考，和遭遇的問題向神反覆詰問，而獲得一些出人意表的答覆，有些令人激賞，有些令人莞爾，有些或許令人繼續思索、探尋。

有些重大議題，「神」與「賽斯」有雷同的說法，比如：絕對的神世界VS.二元的物質世界，時間的同時性，過去、現在、未來同時存在；靈魂與神同質，一樣美善；沒有眞正的惡和具體的魔；沒有地獄和永罰……

我願先摘其中一些振聾發聵的片段，讓讀者先睹爲快。

如果你們在像停止殺害彼此基本上這麼簡單的一件事上，都無法全體同意的話，你們又如何能搖著拳頭，呼喚老天來幫你們整理你們的人生……

當整個社會以某種方式去思維，往往會發生非常令人驚愕的事——一個活在恐懼中的社會，往往反而製造出它最怕的具體東西……

愛並非情緒（恨、憤怒、情欲、嫉妒、貪婪）的不在，卻是所有感受的總和……

（論棄絕欲望）你所抵抗的事物會持續存在，你所靜觀的事物會消失……

你認爲你是誰和是什麼，以及你選擇要做誰和做什麼，這決定了所有的選擇——你在人生中所做過，以及將會做的每一個選擇……

一旦你上升到神的意識層面，你將了解自己不必爲任何別的人負責。每個靈魂在每一瞬間，都必須選擇其本身的命運……

關係的目的是，決定你喜歡看到自己的哪個部分「顯出來」，而非你可以捕獲且保留別人的哪個部分……

對於我不了解的東西，我如何能有同情呢？我如何能寬恕別人的感受，如果我自己從來沒有那種經驗……

治療是接受一切，然後選擇最好的一個過程……

你們有關性的態度，構成了你們人生態度的一個具體而微的例子。人生應該是喜悅、慶祝，而它已變成了恐懼、焦慮、「不滿」、嫉妒、氣憤和悲劇性的經驗。關於性，也可以說同樣的話……

多年來，我自己有一個覺悟，一個對人和**「一切萬有」**最終極的信任，用一句話來說，就是「成佛（神）是不可避免的」。

《與神對話》中也表現了同樣的意思：

一切眞正的**神**，並非擁有最多佣僕的那一位，卻是爲最多人服務，因而使得所有其他人都成爲**神**的那一位……

因爲這是**神**的目標，也是神的榮耀：即，他不再有臣民，並且所有的人都認識到，神並非那不可及的，卻是那不可避免的……

我希望你能了解這點，就是：你快樂的命運是不可避免的，你無法不『得救』。除了不明白這點外，並沒有別的地獄。

你要知道……事情終究是沒問題的……在這場遊戲裡，你無法輸。你無法做錯，錯誤不屬於計畫的一部分。你無法不抵達你要去的地方，你無法錯過你的目的地。如果**神**是你的標靶，你可走運了，因爲神是如此之大，你可不會錯過他的。」

在本書最末尾，神又給了令我們安心的、極美的保證：

不論何時你有問題，只需知道我已經答覆你了。然後對你的世界張開雙眼。我的回答可以是在一篇已經刊出的文章裡……在昨天才寫的歌裡，在你所愛的人正要說出的話語裡……

我不會離開你，我無法離開你，因爲你是我的創造和我的產品，我的女兒和我的兒子，我的目的和我的……

自己。

所以，不論何時何地，當你離開了平安（那是**我**）時，呼叫我。

我會在那兒，

連同眞理，

和光，
和愛。

我創造你們——我的心靈兒女——的目的，
是為了要體認我自己為神。
除了經由你們，
我沒有其他辦法做到這一點。
所以可以說（並且也已說過許多次），
我要你們做到的是：
你們該體認到自己為我。

序

尼爾．唐納．沃許

你即將有一個特殊的經驗。你即將與「神」對話。沒錯，沒錯。我知道……那是不可能的。你也許會想（或曾經想過）**那是不可能的**。當然，一個人可以跟神說話，但卻非與神對話。我是說，老天是不會答話的，對吧？至少，不會以一種例行的、日常的對話方式和你談。

我也是那樣想的，然而，這本書所記載的事卻發生在我身上。我是說它眞的是發生在我身上。這本書並不是我杜撰，卻是發生在我身上的。而在你閱讀它時，它也將發生在你身上，因爲**我們全都會被引領到我們已準備好去接受的眞理上**。

如果我將所有這一切都隱瞞起來，我的日子可能好過得多。然而它發生在我身上是有它的道理的。且不論這本書造成了我什麼不便（比如說被人斥爲褻瀆神祇者或騙子；由於過去沒按這些眞理生活而被斥爲僞善者，或——也許更糟些——是一位聖者），我現在已不可能去挽回了。我也並不想那樣做。我曾經有機會放棄這整件事，但我並沒那樣做。關於這份資料，我已決定忠於我的本能告訴我的話，而非大部分世人告訴我的。

我的本能說，這本書並非胡言亂語，既不是一個受挫的性靈想像力的過度使用，也不只是一個男人爲誤入歧途的人生尋求辯護的自我合理化。哦，這些理由——所有的每一項——我都已想到過，所以我將這資料的原稿拿給幾個人看。他們很受感動，他們哭了，也因爲其中的喜悅和幽默而笑，他們並且說，他們的人生改變了，他們被震懾了，他們被賦予了力量。

許多人說他們被改變了。

就在那時，我知道這本書是給每個人的，它**必**須出版；因爲對於所有那些眞正想要答案，以及那些眞正關心問題的人們，對所有以誠摯的心、渴望的靈魂，及開放的心態從事眞理的追求的人，它是件絕妙的禮物。而那幾乎包括了我們**所有的人**。

就算不是全部，這本書至少答覆了我大半有關生命與愛、目的與功能、人與關係、善與惡、愧疚感與罪、寬恕與贖罪、通往神及往地獄之路……每樣事……的問題。它直接的討論性、權力、金錢、孩子、婚姻、離婚、畢生志業、健康、身後事、前生……**每樣事**。它探討戰爭與和平、知與不知、予和取、悲和喜。它考察具體與抽象、可見與不可見、眞實與虛僞。

你可以說這本書是「**神**對事情最新近的看法」。雖然有些人可能不大能接受，尤其是，如果他們認爲**神**兩千年以前便閉口不言了，或認爲如果**神**眞的繼續和人保持連絡的話，他也只會和聖者、女巫或曾冥想三十年、做善人二十年或至少有十年時間還算正派的人（我不屬於上述任何一類）連絡。

但事實是，**神跟每一個人**說話，好人和壞人，聖者和無賴，以及在兩者之間的我們所有的人。就拿你來說吧，**神**就會以許多方式來到你的生命中，而現在就是其中的另一個。你不是常聽到這麼一句老格言：當學生準備好了時，老師就會出現？這本書便是我們的老師。

在這些事發生在我身上不久之後，我便知道我是直接的、個人的、不可辯駁的在與**神**交談。而**神**是直接按照我理解能力的比例來回應我的問題。也就是說，我所得到的答覆，是以**神**知道我會了解的方式和語言來說的。這就是爲什麼書中的文字有時會用到許多通俗口語，也偶爾會提到我從別的地方，以及從我人生先前的經驗得來的資料。如今，我知道，在我一生中所有來到我身上的每樣東西都是**從神那兒來的**，而現在才被吸到一起，拉到一塊兒，成爲對我**有生以來所曾有的每個問題**的一個壯觀而完整的回應。

在這過程中，不知道什麼時候，我已覺悟到一本書正在形成——預定要出版的。事實上，在這對話的後期我已被明確告知，實際上會出三部書——連續三年，從復活節到復活節——並且：

第一部將主要討論個人的問題，集中焦點在個人的人生挑戰與機會上。

第二部將討論較為全球性的題目，如地球上的地緣政治學及形而上學，以及目前世界面對的挑戰。

第三部將討論最高階的宇宙性眞理，以及靈魂的挑戰和機會。

這本是第一部。為了清楚起見，我該解釋一下，當我用筆轉錄下這些對話時，我將那些彷彿是**神**在以低沉的聲音告訴我的話劃了線或打了圈，而這些即是後面內文中的變體字。

現在我必須承認，當我再反覆讀這裡面所包含的智慧時，我對我自己的人生深感汗顏。我一生留下了種種污點：持續的錯誤和惡行、一些非常可恥的作為，以及一些我確知別人會認為是有害而不可原諒的選擇和決定。雖然我悔恨不已自己是透過別人的痛來學習的，我仍抱著說不出的感激，並且由於在我生命中的一些人，我發現自己**還有得**可學的呢！對於我學習的緩慢，我向每個人致歉。然而，**神**鼓勵我寬恕我自己的失敗，不要活在恐懼與愧疚裡，永遠的繼續嘗試——繼續努力——去活在一個更大的視野裡。

我知道那是**神**要我們每個人都擁有的。

1 憶起，並且重新創造你是誰

那一年春天——我記得是在復活節的前後——我的生命出現了一個特殊現象，神開始透過我跟你們說話。

容我解釋得更清楚一些。

在那段時期，就個人、事業與情緒而言，我正處於很不快樂的狀態中，我的人生在所有層面上都像是失敗了似的。由於多年來我一向習於將我的思緒寫成信（通常是永不寄出的信），所以，這一天，我又拿起了我忠誠的黃色便箋紙，開始傾瀉出我的感受。

這一次，我想，與其寫信給另一個我想像曾欺騙過我的人，不如直接訴諸本源；直接去找最會欺人的那一位。我決定給**神**寫封信。

那是一封含著嗔恨與激憤的信，充滿了惶惑、扭曲、責難，以及一大堆憤怒的問題。我的人生為什麼事事不順？我到底得做什麼才能讓它順？為什麼我無法在親密關係中找到快樂？是否我永遠也不會有夠用的錢？最後——且最重要的——**我到底做過些什麼事，**

活該要有如此不斷掙扎的一生？

令我驚訝的是，當我潦草的寫完我的怨苦及無法回答的問題，準備將筆扔到一邊時，我的手卻仍然懸在紙上，好像被什麼看不見的力量扶著似的。突然，筆開始自己移動起來。我全然不知將要寫些什麼，但似乎有了一個想法，所以我決定順著它，寫出來……

你是真的想要這所有問題的答案，或者只是在發洩呢？

我眨了眨眼……然後我的大腦出現了一個答案，我將它寫了下來。

兩者皆是。當然，我是在發洩，但如果這些問題有答案，我寧可下地獄，也要聽聽看！

你對許多事情都是「寧可下地獄」，為何不是「寧可上天堂」呢？

而我寫道：

你那是什麼意思？

在我還沒弄明白之前，我已經開始了一段對話……而且我也不像在寫東西，反倒像在「**做筆錄**」。

那筆錄一做就做了三年，而在當時我完全不知道它會發展到什麼狀況。我寫在紙上的問題之答案，直到問題被完整的寫下來、我將**我自己的思緒放掉**之前，並還沒出現在我腦中。然後答案往往來得比我能寫的還快，我發現自己只能潦草的寫，以便趕上。其間由於惶恐、疑惑「這些字句是否來自另一個來源」，我曾擱下筆走開，直到再一次的受到感召——抱歉，那是唯一真正恰當的字眼——我才再度回到黃色便箋紙上開始轉錄。

當我在寫這篇文字時，這些對話仍在繼續。其中大部分將出現在以下的篇章裡……包含了原先我不相信，隨後又假定是有個人價值、令人驚愕的對話，而現在我才了解，它不只是衝著我個人而來，它也是要給你，以及每位讀到這資料的人。因爲我的問題也就是你們的問題。

我希望你能盡快的進入這對話，因爲重要的是，這並非只是**我的**故事，也是你的故事。是**你的**人生故事將你引領到這兒的。這個資料針對的是**你**個人的經驗。否則，現在你就不會在這兒讀它。

那麼，現在就讓我們用我問了好久好久的一個問題來進入這對話：**神**怎樣說話，又對誰說？我問到這個問題時，下面是我得到的答覆：

我跟每個人說話，一向就是如此。問題不是在我跟誰說，而是誰在聽？

這倒引起了我的好奇心，我馬上請**神**再多談談這主題。以下就是他所說的：

首先，讓我們以**溝通**（communicate）這個字來取代說話（talk）這個字。溝通是個好得多、充實得多、正確得多的字眼。當我們嘗試彼此對話——**我**對你或你對**我**時，我們立刻會被字句不可置信的限制所局限了。為了這個理由，所以我不會單藉字眼來溝通。事實上，我也鮮少那樣做。我最常用的溝通方式是透過感受（feeling）。

感受是靈魂的語言。

如果你想知道你對某件事的真實想法，只要注意你對它的感受如何。

要體悟到感受有時候很難——要承認更難。然而，你最高的真實便隱藏在你最深的感受裡。

訣竅就在你是否能搆到那些感受。如果你還想知道的話，我可以教你如何辦到。

我告訴神我眞的想知道，但目前，我更希望我的第一個問題能先得到一個完整而充分的答覆。以下即爲神所說的：

我也以**思維**（thought）來溝通。思維和感受並不相同，雖然它們可以同時出現。當以思維溝通時，我往往會利用影像和畫面。因此，就溝通工具來說，思維比光是文字本身更有效多了。

除了感受和思維之外，我也用**經驗**（experience）這媒介來做為一個偉大的溝通工具。

而最後，如果感受、思維及經驗全都失效時，我才用**語言**（words）。語言真的是頂頂無效的溝通工具。它們最容易招致錯誤的詮譯，最容易被誤解。

理由何在呢？那是由於語言本身是什麼的問題。語言只是發音（utterance）而已：**代表**感受、思維和經驗的「**噪音**」。它們是象徵符號、記號、標誌。它們並非真相。它們並不是真實的東西。

語言也許可助你了解某件事，經驗卻使你更明白。然而有些事是你無法經驗的，所以我給了你們其他的認知工具，也就是感受，以及思維。

然而，最大的諷刺是，你們全都將神的話語視爲如此重要，反而輕視經驗。

事實上，你們如此漠視經驗，以至於當你對**神**的**體驗**不同於**你所聽到**有關**他**的話時，你就自動的**捨棄那經驗而認同那些字句**，儘管應該剛好相反才對。

你對一件東西的經驗和感受，代表你對那件東西事實上和直覺上所知的事。語言只能設法**表達出**你的所知，並且常常能**擾亂**你所知的事。

因此，這些就是我溝通的工具，然而它們並非就是方法，因為並不是所有的感受、所有的思維、所有的經驗及所有的語言都是來自**我**的。

許多話語曾以**我**之名被他人說出。許多思維和許多感受，曾由非我所直接創造出來的主義所發起。許多的經驗都是由此而起的。

問題就在於辨識力。難就難在如何辨識哪些訊息是由**神**，哪些又是由其他來源來的。只要運用一個基本法則，分辨就很簡單了：

你最高的思維、你最清晰的話語、你最崇高的感受是來自我的。而任何較次的都是來自其他的來源。

現在分辨的重任就變得容易起來了，因為，即使對初學者而言，也該不難認出哪個是**最高、最清楚和最崇高的**。

不過我願意再給你們一些指導方針：

「最高的思維」永遠是那包含喜悅的思維。**「最清楚的話語」**永遠是那些包含著真理的話語。**「最崇高的感受」**，就是你們稱為愛的那種感受。

喜悅，真理，愛。

這三者是可以互換的，而其一永遠導向另一個，不論它們的先後次序如何。

有了這個指導原則，便很容易決定出哪個訊息是我的，哪個來自其他來源。

剩下的唯一問題是，**我**的訊息有沒有受到注意。

我的大部分訊息並未受到注意。有些訊息是由於看起來似乎太好了，令人覺得不可能是真的；有些訊息是因為看起來好像很難了解；有些訊息也許是因為它們根本就被誤解；而大多數的訊息則是因為根本沒被接收到。

我最強而有力的訊息是經驗，但這個你們也忽略了。你們尤其忽略了經驗。

只要你們曾傾聽自己的經驗，你們的世界便不會像是今天的情況。**不**聽你們經驗的結果就是，你們要一直重新經驗它，一遍又一遍。因為**我**的目的不會受到阻撓，**我**的意志也不會被忽視，你們遲早會收到訊息。

但是，我不會勉強你們，我永遠不會強迫你們。因為我給了你們自由意志——依照你自己的選擇去做的權力——而我永遠也不會拿走它。

因此我會繼續一而再、再而三的送給你們同樣的訊息，在整個「千禧年」（millennia）間，並且到你們所居住宇宙的每一個角落。我會不停的向你們傳送**我的**訊息，直到你們接收到它們，緊緊的抱住它們，稱它們為你們自己的為止。

我的訊息會以各種的形式到來，在千般不同的片刻，橫跨百萬年。如果你真正聆聽的話，你就不會錯過。而一旦你真的聽到，你也就無法忽略。於是我們的溝通才會真誠的開始。因為在過去，你們只是單方面的對**我**說話、向**我**祈求、跟**我**求情。然而如今，我卻可以直接**答覆**你們，正如我現在正在做的。

可是我如何能得知這些訊息是來自神？我如何能得知這並不只是我自己的想像？

這又有什麼差別呢？你不知道我可以透過你的想像力運作，就如透過任何其他方式一樣的容易嗎？在任何既定的一刻，用一種方法或數種方法，我都能帶給你完全適合你當時目的的最**精準的**正確思維、語言或感受。

你會知道這些話是來自**我**的，因為你自己從沒講得這麼清楚過。如果你已然能對這些問題講得如此清楚，你也就不會提出來問了。

神都跟哪些人通訊？有沒有什麼特別的人？特別的時期？

所有的人都是特別的，而所有的片刻也都珍貴如黃金。並沒有哪個人或哪個時刻比其他的更特別。然而有許多人卻寧可相信**神**是以特別的方式只對特別的人說話。這豁免了大部分的人要聽**我的**訊息的責任，更不用說**收到**它了（那又是另一回事），使得他們可以在每件事上都聽從別人的。你認為沒有**必要**聆聽**我**，因為你已經認定別人已聽過**我**所談的每一個主題，而你只要聆聽**他們**即可。

然而，藉由聆聽**別人**所認為他們聽到的**我**所說的話，**你**根本就不必**思考**了。

這就是在個人層面上大多數人不理會**我的**訊息的最大理由。因為如果你承認你是**直接的**接收到**我的**訊息，那麼你就得負責去詮釋。接受別人（即使是那些活在兩千年以前的人）的詮釋，比你自己要詮釋你正在收到的訊息要來得安全，並且容易得多。

然而我邀請你來參加與**神**的一種新型的溝通，一個**雙向**溝通。事實上，是你邀請了**我**。因為我現在會以這種方式來到，就是來**答覆你的呼喚**。

就拿基督爲例，爲什麼有些人彷彿比別的人更能聽到你的訊息？

因為有些人願意真正傾聽。他們願意聽，縱使當訊息看起來似乎是可怕、瘋狂，或根本就錯誤時，他們仍願對這樣的通訊保持**開放**的心態。

那我們是否該傾聽神的話，縱使當他說的似乎是錯的時？

對，尤其是當訊息似乎是錯的時。如果你認為在每一事件上你都是對的，那又何需跟**神**談話呢？

儘管對所有你知道的事採取行動。但請注意，有史以來你們就一直在那樣做。可是看看世界現在成了什麼樣子。很清楚的，你們就是錯過了什麼，很顯然有些事你們並不了解。你們**眞**了解的事，就你們而言，必然看起來是對的，因為你們用「對」這個字眼來指明你們所同意的事。所以，你們錯過的東西可能在最初會顯得是「錯」的。

唯一一條讓你向前邁進的路是問你自己：「如果每樣我認為是『錯』的事，實際上是『對』的，會變成怎麼樣？」每位偉大的科學家都明白這一點。當一位科學家所做的實驗進行不順時，他就會將所有的假設先擱在一邊重新開始。所有偉大的發現，都是被甘願「**不對**」的意願和能力造就出來的。而那就是我們這裡所需要的東西。

除非你停止告訴自己你**已然**認識**神**，否則你就無法認識**神**。除非你不再認為你已然聽見**神**，否則你就無法聽見**神**。

除非你不再告訴我你的眞理，否則我無法告訴你我的眞理。

但我對**神**所知的眞理是來自你。

誰說的？

別人。

什麼別人？

領袖們、牧師們、教士們、神父們、書籍。老天，還有《聖經》！

那些並非權威性的來源。

不是嗎？

不是。

那什麼才**是**？

傾聽你的**感受**。傾聽你**最高的思維**。傾聽你的經驗。一旦有任何與你的老師們告訴你的，或與你在書裡讀到的話不同時，就忘掉那些話。**話語是最不可靠的眞理供應商**。

我有很多話想跟**你**說，有很多問題想問。但不知道打哪裡起頭。舉例來說，**你**爲什麼不顯現**你自己**？如果眞的有這麼一位**神**，而**你**就是**他**，你爲什麼不以我們全都能了解的方式來顯現**你自己**？

我曾一而再、再而三的那樣做。現在我就正在這樣做。

不是。我是指以一種不具爭議性的、無法被否定的顯現方法。

比如說？

比如現在就出現在我眼前。

我現在就在這樣做呀！

在哪兒？

你游目所及的每個地方。

不是這樣的。我指的是以一種不具爭議性的方式。以一種沒人能否認的方式。

那是怎麼樣的方式？你希望**我**以哪一種形式或形狀出現？

以你實際上有的形式或形狀。

那是不可能的，因為我並沒有你能了解的形式或形狀。我是能**採用**你能了解的一種形式或形狀，但是，那樣的話，每個人都會假設他們所見到的就是**神**唯一的形式和形狀，而非**神**的許多個形式或形狀之一。

人們相信我是他們眼中的**我**的樣子，而非他們**沒見到**的樣子。但我即是那「**偉大的看不見的東西**」（the Great Unseen），而非我在任何特定一刻讓**我自己**是的樣子。換一種說法就是，我是我**不是**的東西。我是由我的**不是什麼**來的，而我永遠會回到它那兒去。

然而，當我以某一種形式——以我認為人們所能了解**我**的一種形式——顯現時，人們就**會永遠認定我是那種形式**。

而萬一我又對其他人以他所能了解的任何其他形式出現的話，第一個人就會說我沒有出現，因為我顯現給第二個人的樣子和給第一個人的樣子不同，說的話也不同——所以我要如何是**我**呢？

所以，你明白了吧，我以何種形式或方式顯現我自己並不重要——不論我選擇用**哪種**方式或**哪種**形式；**沒有一個**會是不具爭議性的。

但如果**你**做**出**能證明**你**眞的是誰的某件事，令人完全無可懷疑……

……仍然會有人說，那是魔鬼所為，或只不過是某人的想像，或任何不是我的來源。

如果**我以萬能的神，天上和地下的君王**形象來顯現我自己，並且移山倒海來證明，就會有人說：「那一定是撒旦。」

這也是應該的。因為**神**並不對**「神我」**（Godself）透露出**「神我」**，或藉由外在的觀察來表白**「神我」**的身分，而是透過內在的體驗。當內在體驗顯示了**「神我」**，外在的觀察便不必要了。如果外在的觀察必要時，內在的體驗便不可能了。

那麼如果你要求啓示，就不可能得到。因為「要求」這個行為就是「它不在」的聲明：意思是現在**神**並沒有顯現出來。這樣的聲明也就產生了這樣的經驗。因為你們對某樣東西的思想是**具創造性的**，你的話是有**生產力的**，當你的思維和言語一致時，對你實相的塑造非常有效。所以你會經驗到**神現在並沒有顯現**，因為**如果神**已顯現了，你就不會還要求神顯現了。

那是否意謂著我不能要求任何我想要的東西？你是說祈求得到某件東西，事實上就是**將它推開嗎？**

這是一直以來都被提出的問題——並且每次被提出時也都得到了答覆。然而你並沒有聽到答案，或不願去相信它。

以今日的說法及今日的語言，這問題現在再次的被回答如下：

你不會得到你所求的，你也無法擁有任何你想要（want）的東西。這是因為要求本身就是欠缺的一種聲明，在你說你想要一個東西時，只會在你的現實中形成那個「缺乏」（wanting）的經驗。

因此，正確的祈禱永遠不是懇求的禱告，而是感恩的禱告。

當你為了自己所選擇在你的現實生活裡要去經驗的事而**預先**感謝**神**時，實際就等於是承認它**事實上**就在那兒了。所以，感謝是對**神**的最強有力的聲明；一個即使在你未要求之前，即確定我已應允了的聲明。

所以，絕不要祈求，**要感激**。

但如果爲了某樣東西事先感謝**神**，但那東西卻根本沒出現呢？那可會導致幻滅和怨恨哦！

你不能用感謝來做為操縱**神**的工具；做為愚弄宇宙的**設計**。你無法對自己說謊。你的心智很清楚自己真正在想什麼。如果你說：「**神**，因為……我謝謝你。」但同時自己心裡卻非常清楚，在你的現實生活中它**絕不可能出現**，那你就別期待神會比你**更不清楚**，而為你造出它來。

神知道你所知的，而你所知的即是那些會出現在你的現實中的東西。

但我又怎麼能爲那些我不知道會不會出現的東西感恩呢？

以你的信心。只要你有一粒芥子的信心，你便可移山。你會知道它在那兒，因為我**說**它在那兒；因為我**說過**，即使在你還未要求以前，我就已應允了；因為我曾以種種方式，透過每個你能叫出名字的老師對你說過：不論你選擇什麼，以**我**

的名選擇，它就會出現。

然而仍有許多人說他們的祈禱未被應允。

沒有一個祈禱——祈禱只不過是對**本來如是的事**的一個強烈聲明罷了——未被回應。每個祈禱——你的每個思維、每個聲明、每種感受——都具有創造性。你的每個祈禱都按照它被你認為是真實的程度強弱，具體顯現在你的經驗裡。

當有人說他的祈禱被應允，實際發生的事卻是，他所最強烈抱持的思維、語言或感受**發生了作用**。然而你必須明白，這就是那秘密——永遠是那思維背後的思維，那可稱之為**「發起思維」**（Sponsoring Thought）——在控制思維。

所以，如果你以乞求和哀懇的態度祈禱，你將經驗你所選擇了的事物的機會看來就會小得多，因為在每個懇求背後的「發起思維」是：你目前並沒有你所希望有的東西。**那個「發起思維」變成了你的現實**。

唯一可以勝過這個思維的「發起思維」就是：抱著不論你要求什麼東西，**神**都必會應允——**無一例外**——的信心思維。有些人是擁有這種信心，但這樣的人非常少。

當你不再認為**神**永遠會「答應」任何一個請求，而是直覺的了解到**請求本身根本沒有必要時，祈禱的過程就變得容易得多了。然後祈禱便成了感恩的祈禱。它一點也不是請求，而是對本來如是的現實的一個感恩聲明。**

你說祈禱就是對本來如是的一個聲明，你的意思是說**神**一無所爲嗎？祈禱之後所發生的每件事都是那祈禱者的作用嗎？

如果你認為**神**是某個萬能的存在體，在聽了所有的禱告後，對某些說「好的」，對另一些說「不行」，對其餘的人則說「也許可以，但非現在」的話，你就錯了。大體上，神是憑什麼來決定呢？

如果你認為**神**是你生命裡**所有事情的創造者和決定者**，你就錯了。

神是**觀察者**，不是創造者。**神**隨時都準備幫助你們過你們的人生，但卻不是以你可能期待的方式。

創造或不創造你人生的情況或環境並非神的功能。神以**神**的肖像創造了你們。透過**神**給你們的力量，你們又創造了其餘的。**神**創造了如你們所知的生命過程和生命本身。但是**神**也給了你們自由選擇權，你們可以隨心所欲的去過生活。

以這種說法來看，你對自己的意願也即是神對你的意願。

你就以你自己的方式過你的人生，**我在這件事上並沒有什麼偏好。**

你們一直總有一個大幻象，就是：**神在意**你們做什麼。

我真的不在意你們做什麼，這你們聽了也許會很受不了。然而，當你能讓你的孩子們出去玩耍時，你會在意他們玩什麼嗎？他們是玩捉迷藏或玩模仿的遊戲有什麼關係嗎？不，沒有關係，因為你知道他們是絕對安全的。你已將他們放在一個你認為很友善且毫無問題的環境裡了。

當然，你總還是希望他們不會**傷到**自己。如果他們傷了自己，你就會馬上在那兒幫助他們，治療他們，讓他們再次的感覺安全，再次的快樂起來，改天再出去玩。但下一次他們是選擇要玩捉迷藏，或是玩模仿的遊戲，你仍不會在意。

當然，你會告訴他們，哪些遊戲是危險的。但你無法阻止孩子們去做危險的事。沒法子永遠看著他們，管著他們。無法從現在到死都時時刻刻的注意著。聰明的父母能明白這一點。然而父母對**結果如何**卻是從不會停止關心的。就是這個二分法——非常的不在意其過程，卻非常的在意其結果——幾近於描寫了**神**的二分法。

可是，在某種意義上來說，**神**甚至根本也不在意結果。不在意**終極的結果**，因為終極的結果已得到了保證。

而這就是人類的第二個大幻象：生命的結果是不確定的。

就是這個對終極結果的懷疑，創造了你們最大的敵人——恐懼。因為如果你對結果存疑，那麼你必然會懷疑「創造者」——你必然會**懷疑神**。而如果你懷疑神，那你**必然**一生都活在恐懼和罪惡感裡。

如果你懷疑**神**的意圖——以及**神**產生出這終極結果的能力——你又如何能放輕鬆呢？你又怎麼可能真的找到平靜呢？

然而**神**是有**充分的力量**可使意圖和結果相配的。但你們無法且不願相信這一點（縱使你們一直宣稱**神**是萬能的），所以你們必須在自己的想像裡創造出一個**相等於神的力量**，以便找到一個**讓神的意旨受挫**的方法。因此你們就在你們的神話裡創造出一個你們稱之為「魔鬼」的存在體。你們甚至想像有一個**神**在與此存在體交戰（認為**神**也是以你們的方式來解決問題）。最後，你們竟真的想像**神**可能**戰敗**！

所有這些全都違反了你們聲稱自己對神所知的一切，但這沒有關係。你們是活在你們的幻象中，因而感受到了你們的恐懼，這都是由於你們懷疑神所致。

但如果你們不再懷疑了呢？那時又會有什麼樣的結果？

我來告訴你：你們將會如佛陀一樣的生活。如耶穌一樣的生活。如每個你們所崇拜的聖人一樣的生活。

然而，就如同大多數聖人的遭遇一樣，人們不會了解你。當你試著解釋你的平靜感，你在人生中的喜悅，你內心的狂喜時，他們會聆聽你的話語，卻沒有聽進去。他們會試圖重複你的話，卻是經過增潤的。

他們會奇怪你怎能擁有他們所找不到的東西。他們會產生嫉妒。不久嫉妒又會變成憤怒，然後他們會試圖說服你，說其實不了解**神**的人是**你**。

如果他們仍然無法將你拉離開你的喜悅，他們就會想辦法傷害你，他們的憤怒是如此的巨大！而當你告訴他們沒有關係，縱使死亡也不能打斷你的喜悅，或改變你的真理時，他們一定會**殺死**你。然而，當他們看到你接納死亡的平靜態度，他們會改稱你為聖人，而再度愛你。

因爲人類的天性就是去愛，然後毀滅，然後再去愛他們最珍視的東西。

但爲什麼？我們爲什麼那樣**做**呢？

所有人類的行為在其最深的層面都是由兩種情緒——**恐懼或愛**——之一所推動的。實際上也只有這兩種情緒——在靈魂的語言中只有這兩種字眼。這是當我進出了你們如今所知的宇宙和世界時，我所創造的了不起的兩極的兩個相反端點。

這是容許你們所說的「相對性」系統存在的首尾兩點。沒有這兩點，沒有對於事情的這兩個概念，則別的概念也無法存在。

人類的每個念頭及人類的每個行為，都是建立在愛或恐懼上的。並沒有其他的人類動機，而所有其他的概念都只不過是這兩樣的衍生物。它們只不過是不同的版本——同樣主題的不同變形。

對此仔細思考，你便可了解這是真的，這就是我所謂的「發起思維」。它不是一個愛的思維就是個恐懼的思維。這是思維背後的根本思維。它是第一個思維，它是原始的力量，是推動人類經驗之引擎的天然力量。

這正是人類行為如何產生反覆的經驗的原因；這是人類為何愛，然後毀滅，然後再愛的理由：情緒永遠由一端擺盪到另一端。愛發起了恐懼，恐懼發起了愛，愛又發起了恐懼……

……理由就在第一個謊言裡——你視為是**神**的真相的第一個錯覺，你認為不能信任**神**；不能依賴**神**的愛；**神**對你的接受是有條件的；所以終極的結果很可疑。因為，如果你無法信靠**神**的愛永遠會在那兒，你又能信靠誰的愛呢？如果當你表現得不適當時，**神**就退隱撤離，平凡的人類不也會如此嗎？

……因此，在你發出你最高的愛的誓言時，你便面對了你最大的恐懼。

因為在說出「我愛你」之後，你擔心的第一件事就是你是否能聽到回覆。如果你聽到了，你又會立刻開始憂慮會失去你才找到的愛。因此，所有的作用變成了反作用——防備失去——**就像你想防備自己失去神一樣**。

然後，如果你知道你是誰（Who You Are）——你是**神**所曾創造過的最莊嚴、最偉大、最光輝的存在體——你就永遠不會恐懼。因為誰能拒絕如此神奇的華美？縱使是**神**，也無從挑剔這樣的一種存在體。

但你並不知道**你是誰**，你把自己想得很低劣。但你又是從哪兒得到你比莊嚴華美要差得遠的這個想法？從你唯一會聽信他們對**每件事**的說法的人。**從你的母親**

和父親。

他們是最愛你的人。但他們為什麼要對你說謊呢？他們難道沒告訴你說，你這點太過分，那點又不及？難道他們沒提醒你，你只要在場而不要出聲？難道他們沒在你最活力洋溢的時候責罵你？難道他們沒有叮嚀你，將你的某些最狂妄的想像擱置一邊嗎？

這些就是你接收到的訊息，雖然它們沒有達到標準，因而不是來自**神**的訊息，然而它們也和**神**的訊息所差無幾，因為它們無疑的是來自你的宇宙的神祇。

是你的父母教給你愛是有條件的——你曾多次感受到他們的條件——而那就是你帶到你自己愛的關係裡的經驗。

那也是你帶給**我**的經驗。

你由這經驗中獲得了你對**我**的結論。在這架構內你說出你的真話。你說：「神是個有愛心的**神**，但如果你違反了**他的**戒命，**他**將以永遠的放逐和無盡的詛咒來責罰你。」

因為，你怎會沒經驗過你自己父母對你的放逐？你豈會不知道受他們譴責的痛苦？因此，你怎可能想像到**我**會有什麼不同之處？

你已忘記被無條件的疼愛是什麼感覺。你已不記得**神**的愛，因此你以自己看見的世界裡愛的樣子為基礎，試圖想像**神**的愛必然的樣子。

你將「父母」的角色投射到**神**身上，因此想像出一位**神**，**他**會以你在搞些什麼做基礎，而審判、讚賞或懲罰。但這是一個對神的簡化觀點，建基於你們的神話上，這與**我是什麼**毫不相干！

就這樣，你們以人類經驗，而非靈性真理為基礎，創造了一整個關於**神**的思想體系之後，隨之你們又創造了圍繞著愛的一整個現實世界。那是個以恐懼為基礎的現實世界，扎根於一個恐怖的、報復心強的**神**的概念上。這發起思維是錯的，但否定這個思維就會擾亂你們整個的神學。雖然取代它的新神學**眞的**會是你們的救贖，你們卻無法接受。**因爲一個不該被害怕、不會審判人的、不會因爲任何理由而責罰你們的神，這個想法完全超出你們對「神是誰和是什麼」的最偉大的想像，它太壯美而難以令人接受。**

這個以恐懼為基礎的愛，左右了你們對愛的經驗；事實上，你還真的創造了這樣的實相！因為，你不只看到自己**接受**了有條件的愛，你也看著自己以同樣的方式**付出愛**。縱使當你保留、撤退，並設下你的條件時，部分的你其實認為愛不應該是這樣的。可是你仍然覺得無力改變你分送愛的方式，你告訴自己，你很辛苦才學到教訓，如果你讓自己再度脆弱就慘了。然而事實是，如果你不再度變得脆弱，你才慘了。

（藉由你自己對愛的〔錯誤〕想法，你詛咒自己永遠不再經驗純粹的愛。所以，你也詛咒了自己無法認識真實的**我**，然而你總會有認識我的那一天。因為你沒辦法永遠否認**我**，而我們**和解**的那一刻終會到來。）

人類採取的每個行動都是建立在愛或恐懼上，而非只是那些與人際關係有關的行動。每個影響到商業、工業、政策、宗教、你們的幼兒教育、你們國家的社會議程的決定；每個涉及戰爭、和平、攻擊、防禦、侵略、認輸的抉擇；要染指或讓出、儲蓄或分享、聯合或分裂的決心——你所做的每一個自由抉擇，都出自僅有的這兩個可能思維之一：一個愛的思維或一個恐懼的思維。

恐懼是退縮、關閉、抽回、逃跑、躲藏、掠奪、傷害的能量。

愛是伸展、開放、送出、留駐、顯露、分享、療癒的能量。

恐懼以衣裳包裹著我們的身體，愛則容許我們赤裸的站出來。恐懼依戀並且抓緊我們所有的一切，愛則送出我們所有的一切。恐懼緊緊的抓住，愛則溫柔的擁抱。恐懼是占有，愛是放手。恐懼使人心痛，愛則撫慰人。恐懼攻擊人，愛則改善關係。

人類的每個思維、言語或行爲都是建立在愛的情緒或恐懼的情緒上。你對此別無選擇，因爲沒有其他可供選擇的東西。但在這兩者之間，你有自由可選擇其一。

你說起來這麼容易，然而在抉擇的片刻，恐懼卻往往獲勝。這又是什麼緣故呢？

你曾被教育成活在恐懼中。你曾被告知：適者生存，優勝劣敗，以及最聰明伶俐的人會成功。但關於最有愛心的人的榮耀卻說得少得可憐。因此，你努力去做最勝任、最強健、最聰明的人。如果在某種情況下，你覺得自己是略差一些的話，你就怕會輸，因為你曾被告知，較差的就會輸。

因此你當然會選擇恐懼所發起的行為，因為那就是你曾被教的東西。然而，我卻要教你：當你選擇了愛所發起的行動，那你將不只是存活著而已，不只是贏而已，不只是成功而已。那時你還會體驗到**你眞正是誰**，及你是誰的全部榮耀。

要做到這一點，你必須先將以那善意卻誤導了你的世俗老師的教導擱在一邊，**而聽聽那些他們的智慧是來自另一個來源的人的智慧教誨**。

在你們中間就有許多這種老師，而且一向如此，因為我不會扔下你們不管，必須要有人可以讓你們看到、教你們、指導你們，並提醒你們這些真理。然而最了不起的提醒者，並不是外在的任何人，而是你自己內在的聲音，這是我用的第一種工具，因為是最容易通達的。

由於內在的聲音距你最近，所以它是我說出的最響亮的聲音。它是告訴你**每樣事**是真或假、對或錯、好或壞的聲音。只要你聽隨它，它就是你設定方向、駕駛船舟和導引航路的雷達。

內在的聲音會馬上告訴你，你所讀的那些文字是愛的文字或恐懼的文字。然後由這尺度，你便能決定那是你該聽從的或忽略的文字。

你說當我永遠選擇愛所發起的行動時，我便能體驗到我是誰，以及我能成爲誰的全部榮耀？請你再說詳盡些好嗎？

所有的生命只有一個目的，那就是讓你和所有活著的東西體驗最完滿的榮耀。

任何其他你所說、想或做的事，都是附帶在這個功能中。你的靈魂再也沒有別的事要做，你的靈魂也不**想**要做任何別的事。

這個目的的神奇在於它永無結束。一個結束是一個局限，而**神**的目的沒有這樣的界限。萬一有那麼一刻，你體驗到自己是在最完滿的榮耀裡，你也會在那一剎那又想像出一個更大的榮耀要去完成。你越是什麼，你就越能變成什麼；而你越能變成什麼，你就越成為更多。

最深沉的秘密就是：生命並非一個發現的過程，而是一個創造的過程。

你並不是在發現你自己，而是在重新創造你自己。所以，別汲汲於發現你是誰，而該汲汲於決定**你想做誰**。

有人說人生就是一所學校，我們來到這裡是爲了要學習特定的課程，而一旦我們「畢了業」，我們便能繼續更大的追求，不再被肉體所桎梏。這是否正確？

那是建立在人類經驗上的你們的另一部分神話。

人生不是一所學校嗎？

不是。

我們在這兒也不是爲了學習功課？

不是。

那麼，我們爲什麼會在這兒？

為的是憶起，並且重新創造**你是誰**。

我已一而再、再而三的告訴過你們。你們不相信**我**。然而那也是理應如此，沒有關係。因為說真的，如果你不**創造**你自己如**「你本是的樣子」**，你便無法存在。

好吧，你把我都搞迷糊了。讓我們先回到這個學校的說法上。我聽過一位又一位的老師告訴我們：人生就是一所學校。所以聽到你否認這一點，老實說，的確令我大吃一驚。

如果你有什麼不知道而想知道的事，你就去學校。但是如果你已知一件事，而只不過想要**去體驗你所知**，你就不會去學校。

人生（如你所稱的）是個機會，可讓你**在經驗上得知**你在**觀念上**已知的東西。然而要做到這一點，你並**不**需要**學**任何事。你只需要憶起你已知的事，然後**付諸行動**。

我想我還是不太了解。

好吧，讓我們從這兒開始談。靈魂——你的靈魂——一向知道它所有該知道的事。對靈魂而言，沒什麼是隱蔽的東西，沒有靈魂未知的東西。然而，只是知道了還不夠，靈魂還要尋求**經驗**。

你可能**知道**自己是慷慨的，但除非你**做**了一些表現了慷慨的事，否則你仍然什麼都不是，只是一個觀念。你可能**知道**自己是仁慈的，但除非你曾對某個人做了一件**善事**，否則你也一樣什麼都不是，只有關於你自己的一個**想法**。

你的靈魂唯一的願望就是，將最崇高的**觀念**變成最偉大的**經驗**。在你所有的觀念變成經驗之前，都只是臆測。我對**自己**已臆測了很久。比你們和我加起來能記得的還要久。比這宇宙的年紀乘方還要久。那麼，你明白了嗎，**我**對**我自己**的經驗是多麼年輕，又多麼**新**啊！

我又搞不懂了。什麼你對**你自己**的經驗？

讓我換個方式解釋給你聽：

在一開始，只有「**本是**」（Is）存在，沒有任何其他的東西。然而，**一切萬有**（All That Is）無法認識**他**自己——因為**一切萬有**是所有的一切，而**沒有任何其他的東西**。因此，**一切萬有**……是不在的。因為在沒有其他東西的時候，**一切萬有**也就不在。

這就是自古以來，神秘主義者一直提到的了不起的「在」或「不在」(Is／Not Is)。

且說，**一切萬有知道**他是那時所有的一切——但這並不夠，因為他只能在**觀念上**明白其絕對的莊嚴華麗，而非在**經驗**上。然而他渴望的是**經驗**他自己，因為他想明白，做為這樣莊嚴華麗的存在是什麼樣的感受。但是，這是不可能的，因為「莊嚴華麗」這字眼本身是個相對的說法。唯有**他不是**的什麼東西顯現出來，**一切萬有**才可能明白做為「莊嚴華麗」的存在到底是怎樣的**感覺**。當**他不是的什麼**缺席時，**他是的什麼**是不在的。

你了解這點了嗎？

我想是吧！請繼續講。

好的。

「**一切萬有**」唯一明白的是，那兒並**沒有別的東西**。因為他永遠無法、**永遠不**會由外在，以他自己的一個參考點去認識他自己。因為這樣的一個點並不存在。

存在的唯一一個參考點就是內在的唯一一點——那「在——不在」（Is／Not Is），是——不是（Am／Not Am）。

但是**「一切萬有」**仍選擇要從**經驗上**認識他自己。

這個**能量**——這個純粹、不可見、不可聞、不可觀察，因而不為任何別人所知的能量——想要去體驗他自己本是的絕對莊嚴華麗。為了要這樣做，他了悟自己必須用一個**在內的**參考點。

他十分正確的推理，他的任何**部分**都必得**比全體要少**。只要簡單的將他自己**分割成**許多部分，每個部分都比全體要少，就可以往回看他自己的其餘部分，也就看到了莊嚴華麗。

因此，**「一切萬有」**分割他自己——在一個光榮的瞬間，他變成了**這個**及**那個**。**這個**和**那個**頭一回彼此分開的存在。但兩者仍然是同時存在，**兩者皆非的**所有其他一切也一樣同時存在。

因此，有**三個成分**突然存在了：在**這兒**的東西。在**那兒**的東西。以及**既不在這兒也不在那兒的**東西——為了要**這兒**和**那兒**存在而**必須存在**的東西。

是「無」（the nothing）支持著「有」（everything）。是「非空間」支持著

「空間」。是「全體」支持著「部分」。

你能了解這點嗎？

你懂嗎？

事實上，我想我懂。信不信由你，就是由於你用了這樣一個清晰的例子，以致我真的了解了。

我還要進一步講解。有些人稱那個支持著**每件東西**的「無」為**「神」**，這是不正確的。因為這麼說就暗示了有些不是**「神」**的東西——也就是說一切非「無」的東西。但我是**一切東西**（All Things）——可見與不可見的——所以描寫**我**為**偉大的不可見**——「無」（No-Thing）或「空」（the Space Between），在本質上就是**東方**神秘主義對**「神」**的一個定義，並不比西方對**「神」**的實際定義為**「所有可見的」**更為正確。那些相信「**神**是一切有及一切無」的人，才是有正確了解的人。

在創造「這兒」及「那兒」的東西時，可能使得**神**認識了自己。而在這由內而外的偉大的爆炸性瞬間，**神**創造了**相對性**（relativity）——是**神**給自己的最大禮物。因此，**關係**（relationship）就是**神**給你們的最大禮物，這主題後面會再詳加討論。

就這樣，從「**無物**」中躍出了「**每件東西**」——是一個和你們的科學家所謂的**大爆炸理論**全然符合的靈性事件。

當所有東西的成分向前飛奔時，**時間**被創造出來了，因為一樣東西先是**這兒**，然後又在**那兒**——而從這兒**到**那兒所需的時間，是可以測量的。

正如**神**自己可見的各部分開始界定他們自己，彼此「相對」，因此，那些不可見的各部分也一樣。

神要知道愛存在——並認識自己為**純粹的愛**，那麼相反的東西也必須存在。所以**神**自願的創造了那偉大的對立——愛的絕對反面——每樣不是愛的東西，現在被稱為恐懼的東西。當恐懼存在的時候，愛才會存在為**可能被經驗的東西**。

人類在形形色色的神話裡提到的**惡之誕生**、亞當的墮落、撒旦的反叛等等，就是這個在愛及其反面之間所**創造出的二元對立**。

正如你們將純粹的愛擬人化為你們稱之為**神**的那個角色，你們也擬人化卑鄙的恐懼為你們所謂的撒旦。

有些活在地球上的人依著這個事件，建立起相當複雜的神話，衍生出有戰役和大戰、天使神兵和魔鬼戰士、善與惡、光明與黑暗力量的劇情腳本。

人類對這靈魂深深覺察而心智卻只能略略理解的宇宙性事件，以自己的理解嘗試用神話形式來讓他人了解。

神在將宇宙演變成**他自己的一個分身**時，**神**從純粹能量製造出所有現在存在的一切——可見與不可見，兩者皆有。

換言之，不只是物質宇宙被如此創造出來，**形而上的宇宙也是一樣**。形成「在或不在」等式之不在的那部分**神**，也爆炸成無盡數量比整體小的單位。這些能量單位你們稱為「靈魂」（spirit）。

你們的一些宗教神話裡說：「天父」有許多心靈兒女，這與人類「生命繁衍他自己」的經驗的平行說法，可能是一般大眾實際上能接受在「天國」裡突然存在了無數個靈魂的唯一方法。

在這個例子裡，你們的神秘故事與終極實相還相差不太遠——因為以一種宇宙性的說法而言，組成整體的**我**的無窮盡靈魂，是**我的**子女。

我分割**我的**神聖目的，就是要創造足夠部分的我，讓**我**能**在經驗上認識我自己**。為了要讓創造者在經驗上認識**他自己是創造者**，只有一個方法，就是去創造。因而**我**給予**我**的不可計較的每一部分（給**我**所有的心靈兒女）跟**我**做為「全體」**一樣的創造能力**。

當你們的宗教說人是「**按照神的肖像**」被造出來時，他們就是這個意思。這**並不是指——如某些人解釋的——我們的身體看起來肖似**（雖然，為了**一個特殊目的，神能採取任何他想要的具體樣子**），**但這的確是指我們的本質和精髓是相同的。我們是由同樣的材質組成的。我們是「同樣的料」！具有所有同樣的特質和能力——包括「無中生有」的創造物質世界的能力**。

我創造你們——**我的**心靈兒女——的目的，是為了要體認**我自己**是**神**。除了**經由你們**，**我**沒有其他辦法做到這一點。所以可以說（並且也已說過許多次）我要你們做到的是：**你們**該體認到自己**是我**。

這看似如此令人驚異的簡單，然而卻變得非常複雜——因為你們只有一個方法得以體認你們自己是**我**——那就是，**首先**，你們要先體認自己**不是我**。

現在試著了解這一點——努力跟進——因為談到這兒已變得非常微妙了。你準備好了嗎？

我想是吧。

很好。請記住，是你要求聽這個解釋的。你等了好些年了呢！你曾要求我以一般世俗人的說法來講，而不要用神學教養或科學理論。

是的——我知道我要求的是什麼。

既然你要求過，你就會得到。

現在，為了保持簡單起見，**我**將用你們「**神**的兒女」的神話模式來做為討論的基礎，因為它是你們熟悉的模式——並且在許多方面它還沒偏離太遠。

那麼，就讓我們回到這自知（self-knowing）的過程如何發生作用上。

我有一個辦法可以令**我**所有的心靈兒女知道他們自己是**我**的一部分——那就是乾脆的告訴他們。而這**我**做了。但你明白嗎，單單讓靈魂（spirit）知道他自己是**神**或**神**的一部分，或神的兒女，或天國的繼承者（或你想用的不論什麼神話）是不夠的。

如我已經解釋過的，知道一件事與經驗它是兩樣不同的事。靈魂也渴望在經驗上知道他自己（就如**我**一樣）！對你們而言，觀念上的覺知是不夠的。所以我設計了一個計畫，這是在所有宇宙裡最殊勝的點子——並且是最壯觀的合作。我說合作是因為**你們每個人都要和我一起參與其中**。

在這計畫裡，你們這些純粹的「靈」，將進入剛被創造的物質宇宙。這是因為**物質性**是唯一的方法，可令你在經驗上知道你在觀念上體會的東西。事實上，那本來就是**我**創造物質宇宙——以及宰制它及所有受造物的相對性系統——的理由。

一旦在物質宇宙裡，你們——**我的**心靈兒女們，就能經驗你們所知的自己。但首先，你們必須**先覺悟到其反面**。簡單的解釋這點就是，除非等到你覺知到了「矮小」，否則你無法知道自己長得高大；除非你已覺知到瘦，否則你就無法經驗到你自己稱為胖的那部分。

就最終的邏輯而言，就是除非你面對了你**不是**的東西，否則你無法經驗自己以為你**是**的東西。這乃是相對論及所有具體生命的目的。你得藉由你**不是**的東西來界定你自己是什麼。

所以，在這個終極之知的例子裡——知道你自己是**創造者**的例子裡——除非並且等到你**創造**了，你才能**經驗**自己是**創造者**。而除非你**不創造**自己，否則你就無法創造自己。換一種說法就是，為了要存在，你首先必須「不在」（not be）。你懂嗎？

我想……

趕快跟上來。

當然，你沒辦法不做你正是的誰，或你本是的什麼——你**就是**這個（純粹、創造性的靈），一向如此，永遠都是如此。所以，你做了件不是最好但已不錯的事，**就是你讓自己忘記你真正是誰**。

在進入物質宇宙時，你**放棄了對自己的記憶**。這讓你**可以選擇**去做**你要做的人**，而不是所謂的「就在城堡裡醒過來」。

在選擇做**神**的一部分——而不是只被告知你就是**神**的一部分——的這個行動

裡，你**經驗到自己**有完全的選擇，而那就是**神**的本質。然而，你怎麼能對一個無可選擇的事情有所選擇呢？不論你多努力去嘗試，你都無法不是**我的**兒女——但你**可以忘記**。

你是，一向是，也永遠是**神聖整體的一部分，是整個整體的一員**（member）。那就是為什麼重新加入整體，回到神的這個行為被稱為**憶起**（remembrance）。你真的是選擇重新憶起（re-member），憶起**你真的是誰**，或與你種種不同的部分合起來一同去體驗你的全部——那也就是**我的全部**。

所以，你在世上的工作並非**學習**（因為你**已然知道**），而是**重新憶起你是誰**。並且重新憶起每個別人是誰。那就是為什麼你工作的一大部分是去提醒（remind）別人（去**重新注意**〔re-mind〕他們），讓他們也能重新憶起。

所有絕佳的靈性導師所做的只是這個。這是**你**唯一的目的（sole purpose），也就是你**靈魂的目的**（soul purpose）。

我的天，這是那麼簡單——並且那麼……**協調**（symmetrical）。我是指，全部**一致**！突然一切都**通了**！現在，我看到了以前我從未弄得十分清楚的畫面。

很好，很不錯，這就是我們這次對話的目的。你曾向我要答案，而我答應過要給你。

你可以將這次的對話寫成一本書，讓許多人也能聽到我的言論。這是你的一部分工作。現在，你對生命還有許多問題，許多質疑，而我們在此已立下了基石，我們已為其他的了解打下了基礎。讓我們去看看其他的問題吧。並且不要擔憂，如果對我們剛講完的東西還有什麼沒有徹底了解的地方，很快你就會完全明白。

我想問的事情很多。我有太多的問題，我想我該由大的、明顯的問題開始。比如，世界爲何是現在這個樣子？

在人類問過**神**的問題裡，這一個是最常被問到的。有史以來人人都在問。從創始到現在，你們都想知道，**世界爲什麼一定要像現在這個樣子？**

而這個問題的典型問法其實應該是：如果**神**是那麼完美和那麼有愛心，為什麼**他**還會創造出瘟疫和饑荒、戰爭和疾病、地震、龍捲風和颶風，以及所有各種的自然災害、個人的深深失望及世界性災害呢？

這個問題的答案存在宇宙更深的神秘及生命的最高意義裡。

我並不藉由在你周圍只創造你們所謂的完美來顯示我的善良，也不想藉由不讓你展示你們的愛而來展示我的愛。

我已經解釋過，除非你能展示沒有愛心，否則你無法展示愛心。沒一事的其相反物，那事便無法存在，除非是在絕對的世界裡。然而，絕對的領域對你或**我**都不夠。我存在永恆裡，而那也是你所來自的地方。

在絕對裡，只有知曉，沒有經驗。知曉是一種神聖境界，然而最大的喜悅是在於存在（being），存在只能在經驗之後達成。進化就是這樣：**知曉、經驗，然後存在**，這是**三位一體**（Holy Trinity）——**三位一體的神**。

天父即**知曉**——所有了解的父母，所有經驗的給予者，因為你無法經驗你不知道的事。

聖子即**經驗**——**天父**對祂自己所知的一切的化身（embodi-ment），具體化的演出，因為你無法做你沒經驗過的東西。

聖靈即**存在**——聖子對他自己的所有經驗之抽象化（disembodiment）；只有透

過知曉和經驗的記憶才有可能的簡單、精緻絕美的「在」(is-ness)。

簡單的存在即至福，那是知道並經驗自己之後的**神的境界**，那是**神**最初渴望的事。

當然，你早已不須別人向你解釋對**神**的父子的描述與性別無關。在此，我用的是你們最新的《聖經》；更早的神聖經典則將這比喻為母女關係，兩者都不正確。你們的心智最能理解的關係是雙親與後裔；或肇生者與被生者。

加上**三位一體**的第三部分產生了這個關係：

肇生者／被生者／存在者。

這個三位一體的實相是**神**的印記，它是神聖的模式。在崇高的領域裡，到處可見這三合一(**three-in-one**)。在處理時間和空間、**神**和意識或任何崇高關係的事情裡，你也逃不出這範圍。換句話說，在人生的任何粗略(gross)關係中，你是**找不到三位一體的真理**的。

任何處理人生的崇高關係的人，都能認知到**三位一體的真理**。有些宗教描寫三**位一體的真理**為**父**、**子和聖靈**；有些精神醫師用超意識、意識和潛意識這些名詞；有些唯心論者又說是心、身和靈；有些科學家看見的是能量、物質、以太；有些哲學家則說，對你們而言，直到一件東西在思維、語言和行為上都是真實的，它才是真實的。當討論時間時，你們只談到三種時間：過去、現在、未來。同樣的，在你們的感知裡也只有三個時刻——以前、現在和以後。就空間關係而言，不論宇宙裡的點，或你自己房間裡各種不同的點，你都會認知到這兒、那兒和之間的空間。

然而在粗糙的關係中，你卻沒覺知到「之間」。那是由於粗糙的關係永遠是兩個一組的，但較高領域的關係無一例外，都是三個一組。所以，有左——右，上——下，大——小，快——慢，熱——冷，以及所曾創造出最大的兩個一組的東西：男——女。在這些兩個一組裡，沒有「之間」。一樣東西**非此即彼**，或是這兩極之中的一極之更大或更小的**版本**。

在粗糙關係的領域裡，所有被概念化了的東西，必須在它**相反**的東西也被概念化之後才能存在。你們大半的日常經驗都是建立在這個實相裡。

然而在崇高關係的領域之內，沒有一樣存在的東西**具有**一個相反物。所有都是**一體**，而每樣東西由一個進行到另一個，周而復始，往復不已。

時間就是這樣一個崇高領域，在其中，你們所謂的過去、現在和未來，**息息**

相關的存在著。那是說，它們並非**相反**，而是同一整體的部分；同樣概念的進行；同樣能量的周轉；同樣不變的**眞理**面向。如果你由此下結論說，過去、現在和未來存在於「同時」，你就對了。（然而現在不是討論這點的時候，之後當我們探索時間之整體觀念時，就可以更詳細的討論這點）。

世界會是現在這個樣子，是因為它無法是任何**其他的**樣子，而仍能活在物質的粗糙領域裡。地震和颶風、洪水和龍捲風，以及其他你們所謂的天災，只不過是地、水、火、風四大由這一極到另一極的移動。整個出生與死亡的循環是這移動的一部分，這些是生命的節奏，而在粗糙世界裡的每樣東西都遵照它，因為生命**本身**即是一種節奏，是在**一切萬有**心中的一個波動、一個震動、一個脈動。

疾病和不適是健康和安好的相反，並且是在你們的命令下，在於你們的世界顯化。如果沒在某些層面導致自己生病，你就不可能生病，而只要你決定要安好，你是可以在一瞬間做到的。極度的失望是你選擇的反應，而世界性的災難是全球意識的結果。

而你的問題卻暗示著，是**我**選擇了這些事件，是**我**的意志和願望讓這些事發生。**但並不是我的意志讓這些事成眞，我只是觀察到你們在這麼做**，但我並沒做任何動作去阻止，因為那樣做就**挫折了你們的意志**，那會剝奪你們做**神**的經驗，那是你們和**我**一同選擇的經驗。

所以，別譴責世上你們稱爲壞的一切事。倒不如問你自己，關於這些你們判斷爲壞的到底是什麼，以及你們是否想做任何事去改變？

要往自己內在而不是向外問：「現在面臨這災難時，我希望體驗**自己**的哪個部分？我選擇呼喚到前面來的是存在的哪一面？」因為每個生命都是你們為自己創造的一個工具，而所有的事件也代表著讓你決定做**你是誰**的一個機會。

這對**每個**靈魂而言都是真的。所以，明白嗎？在宇宙裡沒有受害者，只有創造者。所有曾生活在這星球上的**大師**都明白這點。那就是為什麼不論你叫得出名字的哪一位**大師**，沒有一個人會認為自己是受害者——雖然許多人真的被釘上了十字架。

每個靈魂都是**大師**——雖然有一些並不記得他們的來源或他們的天命。然而，每個人都在為他自己最高的目的，以及他自己最快的憶起而創造情況和環境——在每個被稱為現在的時刻。

因此，不要批判別人走的業力之路（karmic path）。**別嫉妒成功，也別可憐失**

敗，因爲你不知道在靈魂的判斷裡，誰是成功，誰又是失敗。別隨便定論一件事是災難或歡喜的事件，直到你決定或目擊它是如何**被運用**的。因為，如果一個死亡救了一千條命，那是災難嗎？如果一個生命只造成悲傷，那個歡喜的事件嗎？就算是對自己也不應下判斷，永遠將你的想法秘藏心中，也容許別人保留他們的想法。

這並不意謂你該忽略別人求援的呼聲，也不是要你忽略自己靈魂想要改變某些環境或狀況的驅策。而是當你做任何事時，都應避免貼標籤和判斷。因為每個狀況都是一個禮物，而在每個經驗裡都隱藏著一個寶藏。

從前有一個靈魂，知道他自己是光。這是個新靈魂，所以急於體驗。「我是光，」他說，「我是光。」然而對於這點，他所有的覺知和敘述都無法取代對這事實的經驗。但在這個靈魂所在的領域裡，除了光，沒有別的。每個靈魂都是崇高的，每個靈魂都是莊嚴華美的，每個靈魂也都散發著令人肅然起敬的燦爛光輝。因而這個小靈魂就像是陽光中的一支蠟燭。在最偉大的光——它是其中的一部分——當中，它無法看見自己，或經驗到自己**眞正是誰**。

且說，這個靈魂變得越來越渴望認識自己。他的渴望如此之大，以致有一天，**我**說：「**小毛頭**，你知道必須做什麼來滿足你這渴望嗎？」

「哦，**神**啊，要做什麼呢？我**什麼**都肯做！」小靈魂說。

「你必須將自己和我們其他的分開，」**我**答道，「你必須將黑暗召到你身上。」

「哦，神聖的主，什麼是黑暗？」小靈魂問。

「你所不是的那個。」**我**答道。小靈魂了解了。

因此，那小靈魂真的將它自己與**所有的**我們分開，是的，甚至去到另一個領域裡。在那領域，靈魂有力量召喚所有各種的黑暗到他的經驗中。小靈魂這樣做了。

然而處在黑暗當中，他卻哭喊道：「父啊！父啊！**您**為何捨棄了我？」就像你在你最黑暗的時候一樣。然而**我**從未捨棄你，反而是永遠站在你身旁，準備提醒你**你眞正是誰**；正準備著，永遠準備著叫你回家。

所以，做照亮黑暗的光吧，不要詛咒黑暗！

在被「非你」包圍的時候，不要忘記你是誰。縱使當你想去改變創造物時，也要讚美它。

並且要明白，在你受著最大的試煉時，你所做的，可能是你最大的勝利。因

爲你創造的經驗乃是你是誰——及你想要是誰——的一個聲明。

我告訴你這個故事——小靈魂與太陽的寓言，是讓你明白世界為何是現在的樣子，以及當每個人都憶起了他們最高實相的神聖真相時，世界如何能在一瞬間改變。

至於有些人說人生是個學校，在人生中你觀察到及經驗到的事，都是為著你的學習。我先前曾論及這點，而我再告訴你一次：

你進入這人生並沒有任何事要學，你需要的只是展示自己已然知道的事。而在展現它時，你透過你的經驗表現它，並且重新創造自己。如此你使得人生合理化，並且賦予了人生的目的，使人生更神聖。

你是說所有發生在我們身上的壞事，都是我們自己選擇的？你的意思是，在某些層面，甚至世界上的災難和不幸，也都是我們自己創造的，因爲我們要「經驗我們眞正是誰的另一面」？如果事實眞是這樣的話，那是否有較不痛苦——對我們自己和其他人較不痛苦——的方式，也一樣可以讓我們創造經驗自己的機會？

你問了好幾個問題，也都是好問題。讓我一一來回答。

不，並非所有發生在你身上你稱為壞的事，都是你自己的選擇。至少並非有意識的——如你所指的。但發生在你身上的事**的確**全是你自己的**創造物**。

你們**永遠**在**創造**的過程裡，分分秒秒，日日夜夜。你**如何**創造的，我們待會兒再談。目前，只要相信我的話就好了——你是一個大創造機，你真的如你能想像的那樣很快的造出一個新的具象。

事件、事故、意外、狀況、環境——全是自意識創造出來的。個人的意識就有足夠的力量。當兩個或**更多**的人以**我**之名聚在一起時，你可以想像會釋放出什麼創造能量啊！至於**群眾**意識呢？當然，**那**是更有威力了，群眾意識能創造出帶給整個世界一個重要後果的事件和環境來。

說是**你選擇**了這些後果，其實並不正確——並不是由你以為的方式。你跟我一樣，我們沒去選擇事件。而是像**我**一樣，你也在觀察事件，並且在你與事件的關係中，**決定你是誰**。

世上並沒有受害者，沒有惡棍。你也並非別人選擇下的受害者。然而，在某個層面上，你們卻**全都**創造了你們自己討厭的東西——創造了它，而且**選擇**了它。

這是個進步的思想層面，並且也是所有的**大師**遲早會到達的層面。因為只有當他們能接受**所有**事情的責任時，他們才能獲得改變其一**部分**的力量。

只要你懷著外面有某個東西或某人「對」你做某事的想法，你便剝奪了自己對它做任何事的力量。唯有當你說「是我**做**了這個」時，你才能找到改變它的力量。

改變自己正在做的，比叫別人改變他們所做的要容易得多。

改變**任何事**的第一步，是了解並接受它現在的樣子。如果在個人層面上你無法接受這點，那就藉由理解「我們全是一體」去同意它。然後想辦法去造成改變，但並非由於一件事是錯的，卻是因為它不再對**你是誰**做出一個正確的聲明。

做任何事只有一個理由：就是對宇宙聲明你是誰。

照這個方式去做，人生就變成**自我**創造（Self creative）。你用生命去創造你以為和**你一直想做誰**的樣子。所以不去做任何事時也只有一個理由：就是因為它**不再是你想要做誰**的聲明。它沒反映你，它沒代表（represent）你，也就是說，它沒重現（re-present）你……

如果你希望被正確的重現，**就必須努力去改變人生中與你想投射到永恆的你**

的景象不相符合的任何事。

最廣義的說，所有發生的「壞」事都是你的選擇。但錯不在你選擇它們，而是在你稱它們為「壞」。因為既然是你創造了它們，在稱它們為「壞」時，你也就是稱**自己**壞。

可是你無法接受這個標籤，所以與其表明是**自己**壞，倒不如**否認自己的創造**。然而就是這知性和靈性上的不誠實，使得你必須接受一個現況如此的世界。除非你接受了——或在內心深深的感覺到——**個人對世界的責任**，世界才會大大的不同。如果**每個人都覺得有責任**，這**顯然**會成真。這個道理是如此明顯，但人們卻不明白，以致於我們會如此痛苦，並且如此痛切的嘲諷。

世界上的天災——如龍捲風、颶風、火山、洪水——這類物理性的騷動——並不是你確實創造出來的。你**所**創造的是這些事件觸及你生命的程度。

再怎麼伸展想像力，你也無法宣稱是你鼓勵或創造了這宇宙裡所有發生的事件。

這些事件是由人的共同意識創造出來的。整個世界的共同創造，產生了這些經驗。你們每個人個別做的是，在事件中行動，決定它們是否對你有任何意義，以及在與它們的關係中了悟**你是誰及是什麼**。

如此，爲了靈魂進化的目的，你們集體並個別的創造你們在經驗的人生和時代。

你問，是否有一個比較不痛苦的方式去經歷這過程，答案是有的，然而你的外在經驗完全不會改變。要減輕你與俗世經驗和事件連在一起的痛苦——你的及別人的——是**改變你看事情的方式**。

你無法改變外在事件（因為那是你們許多人創造的，而你的意識也還沒成長到能個別的改變集體創造出來的東西），所以你必須改變內在的經驗。這是在生活中到達主控權之路。

沒有一件事本身是痛苦的，痛苦是錯誤思想的結果，是思維裡的一個謬誤。一位**大師**能令最嚴重的痛苦消失。以這方式，**大師**也得以治癒。

痛苦來自你對一件事的批判。去掉批判，痛苦便消失了。

批判往往建立在先前的經驗上。你對一個東西的想法，出自一個先前的經驗想法。你先前的想法是更早一個想法的結果——而那想法又來自更早的一個，如此類推，像建材一樣，直到你回溯到我所謂第一個思維的鏡廳。

所有的思維都具創造性，但沒有任何一個思維比原始思維（original thought）更強大有力。那就是為什麼它有時也被稱為原罪（**original sin**）之故。

原罪就是當你對一件事的第一個錯誤思維出現時。這個錯也將隨著你產生了第二個或第三個思維，而更變本加厲。**聖靈**的工作就是重新啓發讓你了解，使你能由錯誤中解放出來。

你是說我不該對非洲餓死的小孩、美國的暴力和不公、巴西死了上百人的地震覺得難過嗎？

在**神**的世界裡，沒有什麼「該」或「不該」。做你想做的事。做能反映、能重現一個更真實的自己的事就是了。所以如果你覺得應該為這世上的事難過，那就難過吧！

但不要去批判，也不要去指責，因爲你並不知道事情爲何發生，也不知是爲了什麼目的。

並且記住這點：你指責的將指責你，你批判的，有一天，你也會變成那樣。

不如想辦法改變那些事，或支持正在改變的那些事——那些不再反映你最高覺知的**你是誰**的事——的人。

甚至更要祝福一切——因為一切都是**神**透過活生生的生命所創造的，而那就是最高的創造。

我們可不可以停一下，讓我喘一口氣？你剛才是不是說過，在**神**的世界裡，沒有「該」或「不該」？

沒錯。

那怎麼可能？如果在**你的**世界裡沒有？它們**會在**哪？

沒錯——會在哪呢？

我再重複一次問題。如果不在你的世界裡，「該」和「不該」會出現在哪？

在你們的**想像**裡。

但那些教過我所有有關對與錯、做與不做、該與不該的人，都告訴我這些規定是**你**——是**神**——所立下的。

那麼是那些教你的人錯了。**我**從來沒有立下什麼「對」或「錯」，「做」或「不該做」。這樣只會完全剝奪了你們最大的禮物——依你的高興去做，並且經驗其後果的機會；按照**你眞的是誰**的肖像重新創造你自己的機會；製造一個建立在你能做到、最崇高的理念上的「越來越高超的你的實相」空間。

說某件事——一個思維、一句話、一個行為——是「錯的」，就跟告訴你不要去做一樣。我告訴你不要去做，就是禁止你；禁止你，就是限制你；限制你，也就是否認**你眞的是誰**的實相，並且否定讓你去創造並體驗你真的是誰的機會。

有些人說**我**給了你們自由意志，然而同樣這批人卻宣稱，如果你們不服**我**，**我**會送你們下地獄。這是哪門子的自由意志？這豈不是在嘲笑**神**嗎？這樣在我們之間又怎麼可能有任何一種真正的關係呢？

現在我們進入了另一個我想討論的領域，就是有關天堂和地獄的事。從我現在的推斷來看，並沒有地獄這回事。

是有地獄，但不是你們認為的樣子，而且你也不會因為你曾被告知的理由去經驗地獄。

那地獄是什麼？

地獄是你的選擇、決定和創造，所可能產生的最糟結果的經驗。地獄是否定**我**，或否定與**我**有關連的**你之為誰**的任一思維的自然後果。

地獄是你因為錯誤的思想而遭受的痛苦。然而，即使「錯誤思想」這個詞也是個誤稱，因為根本沒有錯的事。

地獄是喜悅的反面，是不圓滿。地獄是知道**你是誰和是什麼**，卻無法去經驗。地獄是遜於你的本質（It is being less），對你的靈魂而言，地獄是不可能有更大的痛苦。

但地獄並不存在於你們所幻想的那種**地方**，在那兒有什麼永遠的火會焚燒你，或是什麼會永遠折磨人的境地。我要那樣的地獄有何目的呢？

縱使**我**真的有那種極端不神聖的想法，認為你們不值得上天堂，但對你們的失敗，**我**又何需尋求某種報復或懲罰呢？我要除去你們不是很簡單嗎？是我的哪個復仇心很重的部分，會要求**我**，讓你們受到一種言語都不足以形容的、永遠的苦痛？

如果你回答，是為了公正的需要，那麼，只要簡單的不讓你們有與我在天堂裡做心靈溝通的機會不就可以了嗎？非得施以永無休止的痛苦才行嗎？

我告訴你，在死後，根本沒有你們在以恐懼為基礎理論裡所建構的那種經驗。然而，靈魂有一種經驗，會是很不快樂、很不完全、很不完整，而且讓你遠離**神**的最大喜悅，以致對你的靈魂而言會是**地獄**一般的。但**我**告訴你，不是**我**要**送**你去那兒，也不是**我**導致你有這經驗。而是每當你以任何方式，將你**自己**與對你自己之最高想法分開時；每當你排斥**你眞的是誰或是什麼時**，是你，你自己，創造了這經驗。

然而，這個經驗從不是永恆不變的。它**無法**是永恆的，因為**我**並沒有要你們與**我**永遠永遠分離。真的，這樣的事是不可能的——因為要達成這樣一件事，不但你必須否認**你是誰**，**我**也一樣得如此。但**我**永遠不會那樣做。而只要我們之一保持住關於你的真相，你的真相最後就終究會獲勝。

但如果沒有地獄，那是不是表示我可以爲所欲爲，做任何事都不必怕報應？

你需要因為害怕，才會去做及去有天生就是對的東西嗎？你必須受脅迫才會「乖乖聽話」嗎？「乖乖聽話」又是什麼意思？誰來做最後的判定？誰來設定指導原則？誰立下規矩？

我告訴你，**你們**是你們自己的規則判定者，你們自己設定指導原則；並且，也是**你們**自己決定你們要做得多好。因為是由**你們決定自己眞的是誰和是什麼**——以及**你想要做誰**。而你是**唯一**可評估你做得多好的人。

沒有人會審判你，因為**神**為什麼，又怎麼能審判他自己的創造物，說它是壞的嗎？如果**我**要你是完美的，並且完美的做每件事，**我**把你們留在你們來自的完全的完美裡就好了。讓你們來到這裡的整個目的，就是要讓你們發現自己，**創造**你**自己**，如你真正是的樣子——並如你真正想成為的樣子。然而，除非你也有**做爲別的什麼**的選擇，否則你是做不到這些的。

所以我是否因此該處罰你，因為你做了**我自己**放在你面前的一個選擇？如果我不想你做第二個選擇，**我**為何不就只創造一個選擇就好了呢？

這是在你派給**我**一個定罪的**神**的角色之前，你必須問你自己的問題。

所以，對你所問的問題，我的直接回答是：是的，你可以照你希望的去做而不必害怕報應。不過，事先覺知其後果對你卻是有用的。

後果即結果。自然的結果。這些和報應或懲罰完全不同。後果只是後果。它們是因為**發生**的事而**發生**的可預期的結果。

所有物質性的生命都按照自然律作用。一旦你記住這些法則，並且應用它們，你便可在物質層面主宰生命。

那些在你看來像是懲罰的事——或你稱之為邪惡或惡運的事——只不過是自然律在維護它自己而已。

那麼，如果我懂得這些法則，並且遵守，我就再也不會有片刻的困難了。你是不是這個意思？

你再也不會在你所謂的「困難」裡經驗你自己，不會將任何一個人生狀況看成是難題，不會再以惶恐面對任何情況。你會終止所有的憂慮、懷疑和恐懼。你會過著如你想像的亞當和夏娃曾過的生活——並不是像沒有形體的精靈在絕對的領域裡，而是像有肉身的精靈在相對的領域裡。你會有你本是的靈魂的所有智慧、了解及力量。你會是個完全實現了的存在體。

這是你靈魂的目標。這是靈魂的目的——當靈魂在身體裡時完全實現自己；變成所有靈魂真正是的事物的**具體化**。

這是**我**為你們所做的計畫。這是**我的**理想：我藉由你而得以實現。如此一來，觀念便轉成了經驗，**我**便可以**藉由經驗**而認識**我自己**。

宇宙法則是**我**訂下的律法，是完美的律法，創造出物質的完美作用。

你看過比一片雪花更完美的東西嗎？雪花的紛繁、結構、對稱，與自己的一致性，以及與所有其他不同的獨創性——全都是個謎。你對這個令人敬畏的大自然奇蹟展示嘖嘖稱奇。然而，如果我在單單一片雪花上就能這樣做，你想我對宇宙能做的——且已做了的——是什麼呢？

就算你能從最大的天體，到最小的粒子中看出對稱性、設計的完美，你也無從在你的世界裡掌握到所有的真相。縱使到現在，在你略見了數瞥之後，你仍然無法想像或了解其涵意。然而，你可能知道的確是**有**一些涵意存在——遠比你目前的理解力能接受的更要複雜和殊勝得多。你們的莎士比亞說得好：**在天堂和地球上，有比你們的哲學所能夢想得到的更多的東西**。

那麼我如何能知道這些律法？我如何能學到這些宇宙法則？

這並不是一個學習的問題，而是憶起的問題。

那我如何才能憶起？

以定靜（still）開始。讓外在的世界安靜下來，內在的世界就可以帶給你視力（sight）。而這種內在的視力——**洞見**（in-sight）——就是你要尋求的東西。然而當你如此關切你的外在世界時，你是無法擁有洞見的。因此，盡量尋求走入內心吧！而當你沒法進入內心，當你與外在世界打交道時，發自內心吧。請記住這個定理：

如果你不進入內心，你便沒有心。（If you do not go within, you go without.）

請以第一人稱的方式重複唸一次這句話，使之更個人化：

如果我不
進入內心
我
便沒有心

你一輩子都在沒有心的狀態下運作，然而你並不需如此，從不需如此。

沒有什麼是你不能成為的，沒有什麼是你不能做的，沒有什麼是你不能擁有的。

聽起來像是空中閣樓式的允諾。

那你希望**神**給你哪一種允諾呢？如果**我**允諾你較差的，你就會相信**我**嗎？

數千年來，人們為了一個最奇怪的理由不相信**神**的允諾：那太好了，不可能是真的。所以你們選擇了一個較差的允諾——一個較少的愛。因為**神**的最高允諾出自最高的愛，由於你無法想像有一個完美的愛，因而一個完美的允諾也是不可想像的。就如你不會相信有一個完美的人一樣，你甚至無法相信你自己。

無法相信這些意謂著無法相信**神**。因為相信**神**就是相信**神**最偉大的禮物——無條件的愛，及**神**最大的允諾——無限的潛能。

我可以打斷你一下嗎？雖然我很不願意當**神**滔滔不絕時打斷**他**……但我以前聽說過這無限潛能的講法，而它並不符合人類經驗，且不論一個正常人所遭遇的困難——那些與生俱有精神上，或肉體上局限的人的挑戰又怎麼說呢？**他們**的潛能也是無限的嗎？

在你們的《聖經》裡，有很多地方是如此以各種方式記載的。

給我一個例子。

查查看你們在《聖經》〈創世紀〉第十一章第六節裡寫了什麼。

它寫著：上主說：「看，他們都是一個民族，都說一樣的語言。他們如今就開始做這事；以後他們所想做的，就沒有不成功的了。」

就是這個，你相信嗎？

這並沒有回答關於那些受限的人，衰弱的、殘廢的、殘障的人的問題啊！

你認為如你所說的，他們的受限並不是出自他們自己的選擇嗎？你以為一個人類靈魂遭遇到人生挑戰——**不論**是什麼挑戰——是完全出於**意外**嗎？**這**是你以為的嗎？

你是指一個靈魂在事先就選擇了他將經驗哪種生活嗎？

非也，那就失去這些遭遇應有的**目的**了。這些遭遇的目的，是要**創造**你的經驗——你再因此而創造你的**自己**——在當下那榮耀的一刻。所以，你並未事先選擇你將經驗的人生。

不過，你可以選擇那些用來**創造**你的經驗的人物、地點和事件——條件和情境、挑戰和障礙、機會和選擇。你可以選擇你調色盤上的色彩、你工具箱裡的器具、你店裡的機械。你用這些來創造什麼是你的事，那**就是**人生的所為何來。

在你所有選擇去做的事裡，你的潛能**是**無限的，所以不要先認定一個投生在你所謂受限的肉體裡的靈魂無法完全發揮他的潛能。因為你並不知道那個靈魂**想**做些什麼，你並不了解他的生命**議程**（agenda），你對他的**意圖**並不清楚。

因此，**祝福並且感謝**每個人和每個情況吧！如此，你就是肯定了**神**的創造之完美——並且表示出你對**他**的信心。因為在**神**的世界裡是沒有意外的，沒有一件事是巧合。世界也不會被隨意的選擇，或被你們所謂的命運所擊倒。

如果一片雪花的設計可以如此的完美，你不認為如你們的人生這樣莊嚴偉大的東西，也可以是這樣的嗎？

但是即使是耶穌也在治癒病患。如果每個人的情況都是如此「完美」，耶穌又爲何要治癒他們呢？

耶穌並不是因為見到他們的情況「不完美」，才去治癒他們。**他**治癒那些，因為他明白那些靈魂請求治癒做為他們生命過程的一部分。**他**看見過程的完美。**他**認知且了解到靈魂的意圖。如果耶穌真是覺得所有精神或身體上的病代表了不完美，那**他**不會一次就治癒地球上的每個人嗎？你認為**他**沒辦法這麼做嗎？

不。我相信他做得到。

好。那麼頭腦心智就想知道：為什麼**他**沒去做？為什麼基督要選擇讓一些人受苦，而一些人痊癒？並且講到這個，**神**又為何要容許任何受苦的存在？這問題以前已被問過，而答案仍然相同。在這過程裡有完美——而所有的生活都是出自**選擇**，去干涉選擇或質疑它都是不適當的，去譴責它更不應該。

那麼什麼才是適當的呢？去觀察，然後盡你所能的去協助那靈魂，尋找並做出一個**更高的選擇**。所以，留心注意別人的選擇，卻不要去批判。要知道他們的選擇在目前這一刻是完美的——然而要準備好去助他們一臂之力，萬一他們要尋求一個更新的選擇、一個不同的選擇——一個更高的選擇的話。

進入他人的靈魂與之心靈交流，對他們的目的、他們的意圖就會變得清晰。這是耶穌對那些**他**治癒的人所做的——以及對那些他觸及其生命的人所做的。耶穌治癒所有來到**他**面前的人，或那些叫別人替他們向耶穌求情的人。**他**並沒有隨意治癒人。如此做會違反了一條神聖的宇宙法則：

容許每個靈魂走自己的路。

那就是說，我們沒被要求時，就不可以去幫助任何人嗎？顯然不是的，否則我們永遠都不能幫助那些印度的飢童，或非洲受折磨的群眾，或任何地方的窮人或被蹂躪的人了。所有人道的努力都沒有了，所有的慈善事業都被禁止了。我們難道必得等到一個人在絕望中向我們哭訴，或一國的人請求幫助，才被容許去做顯然是對的事嗎？

你瞧，這問題不是已經自己回答了嗎。如果一件事顯然是對的，就去做。但要記得，關於你們所指的「對」跟「錯」，要極為審慎的判斷。

一件事只因爲你說它是對或錯而是對或錯，並非本身就一定是對或錯。

是這樣嗎？

「對」或「錯」並非一個天生固有的狀況，它是在個人價值系統裡的一個主觀判斷。藉由你的主觀判斷，你創造**自己**——藉由你的個人價值，你決定且表現**你是誰**。

世界以它的現狀存在，讓你能做出這些判斷。如果世界是存在於完美的狀態中，那你**自我創造**的人生過程將會終止、結束。如果再也沒有訴訟，律師的事業明天就會結束。如果再也沒有疾病，醫師的事業明天就會結束。如果再也沒有問題，哲學家的事業明天就會結束。

而如果再也沒有任何困難，**神**的事業明天也會結束！

一點沒錯，你的措詞非常完美。如果再沒有更多可創造的，我們所有的人都不會再創造了。我們所有的人對繼續這遊戲都是既得利益者。我們雖然一再說要解決所有的問題，卻不敢解決**所有的**問題，否則就再也沒有什麼事可讓我們做了。

你們的軍事工業複合體非常了解這點。這也是他們為什麼強力反對企圖在任何地方成立非戰政府的原因。

你們的醫藥機構也了解這點，那就是他們為什麼堅決反對——為了生存他們不得不如此——任何新的神奇藥物或治療法，更不必說奇蹟本身的可能原因。

你們的宗教團體也很明白這點。那就是他們為什麼一致的攻擊對**神**的任何界定，若是那界定不包含恐懼、審判和報復，以及對自我的任何界定，若是那不包含**他們走向神的唯一道路的想法**。

如果我對你們說，你們**就是神**，那將置宗教於何地？如果我跟你們說，你們真的痊癒了，那將置科學和醫學於何地？如果我對你們說，你們將和平的過活，那將置調停者於何地？如果我對你們說，世界已經治理好了，那又將置世界於何地？

那麼，水電工人又怎麼辦呢？

基本上，世界充滿了兩種人：那些給你你想要的東西的人（who give you things you want），及那些修理東西的人（who fix things）。而在某種意義上，那些給你你要的東西的人——屠夫、糕餅師、製蠟燭者——也是修理者。因為有想要一個東西的欲望，往往是對它有了**需要**。那也就是為什麼我們會說，有毒癮的人需要一針（a fix，譯注：字面意思為修理之意）。所以，要小心，別讓欲望變成了癮。

你是說世界永遠都會有問題？你是說是世界自己要那個樣子的？

我是說，世界以它存在的樣子存在——正如一片雪花以它存在的樣子存在——實在是被設計成那樣的。**你們**以那種樣子創造它——正如你們創造了你們現在的人生。

我要**你們**所要的。你們真的想要結束飢餓的那一天，將不再有飢餓。**我**給了你們去做到那一點的所有資源。你們擁有去做那個選擇的所有工具。你們沒做那個選擇，並不是由於你們**不能**做那選擇。世界是可以明天便結束飢餓的，只是你們**選擇了**不做那選擇。

你們宣稱有很好的理由讓每天有四萬人必須死於飢餓，並沒有什麼好理由。然而當你們說你們毫無辦法制止每天四萬個人死於飢餓，同時每天卻將五萬人帶來你們的世界，開始新的生命。而你們稱這為愛，你們稱這為**神**的計畫，這是個完全欠缺邏輯或理性的計畫，更別說什麼慈悲了！

我以赤裸裸的說法告訴你們，世界以現在的樣子存在，是由於**你們自己選擇的**。你們有系統的摧毀自己的環境，指著所謂的天災，說是**神**的殘酷愚弄或大自然的無情方式的證據。你們愚弄了自己，你們的方式才殘酷無情。

再沒有東西比大自然更溫和，也**沒有什麼東西**對大自然比人來得殘酷。然而你完全置身事外；否認所有的責任。你還說這不是你的錯，不過在這點上，你的確是對了。這不是錯的問題，而是**選擇**的問題。

你們可以選擇明天便中止對雨林的破壞，你們可以選擇停止耗竭盤旋在你們星球上空的保護層，你們可以**選擇**中止對地球巧妙的生態系持續的猛襲，你們可以想辦法將雪片重新拼好——或至少制止其無情的溶化，但你們肯這麼做嗎？

明天你們就**可以停止所有的戰爭**，這既簡單又容易，所需要的——一向只需要的——只是你們全體同意。然而，如果**你們**在像停止殺害彼此基本上這麼簡單的一件事上，都無法全體同意的話，你們又如何能搖著拳頭，呼喚老天來幫忙整理你們的人生？

你們不為**自己**做的事，我也不會為你們做。**那**是律法和預言。

世界會是這樣的現狀，是由於**你**和你做過——或沒有做——的選擇。

（不做決定也是決定。）

地球會是這樣的現狀，是由於**你**和你做過——或不肯做——的選擇。

你自己的人生是目前的現狀，也是由於你和**你**做過——或不肯做——的選擇。

但我並沒選擇被那卡車撞到啊！我也沒選擇要被那強盜搶劫，或被那瘋子強姦啊！人們可以這樣說，世上有人可以這樣說。

你們**全**都是那些狀況的根由，是那些狀況的存在，造成了強盜心中的欲望，或他感到的偷盜需要，是你們創造了使強姦成為可能的意識。當你**在自己內心看見**

了引起罪行的東西時，你才終於開始治癒那罪行自其中躍出的狀況。

餵飽你們的飢民、給你們的窮人尊嚴、給較不幸的人機會，停止那些令群眾縮成一堆、滿懷憤怒、抱著「明天恐怕不會更好」的偏見。收起你們對性能量無聊的禁忌和限制──倒不如，幫助別人真正了解它的神奇，並且適當的疏導。做**這些事**，你便對永遠結束搶劫和強姦大有貢獻了。

至於所謂的「意外」──卡車拐過街角撞來、磚頭從天而降──學著面對每個這種事件，當作是一個更大拼圖的一小部分吧。你到這兒來，是要為你自己的解脫設計出一個個人的計畫。然而，解脫並不意謂著將自己救離魔鬼的圈套。因為根本就沒有魔鬼，地獄也並不存在。你是在救自己脫離未能自我「實現」的印記。

在這場戰役裡，你不會輸，你不會敗，所以，它根本不是場戰役，只是個過程。然而如果不明白這點，你會視人生為不斷的掙扎。你甚至可能一直**相信那是掙扎**，久而久之便創造出完整的信仰，這個宗教會教導**掙扎就是它全部的要旨**。這是個錯誤的教導，過程是在**不**掙扎中進行的，勝利則是在臣服中贏得的。

意外發生就是發生了。人生過程的某些成分在一個特定時間，會以一種特定方式相聚，產生了特定的結果──你選擇稱為不幸的結果，也是為了你自己某個特定的理由。然而照你靈魂的議程來說，也許它們根本並非不幸的。

我要告訴你的是：**沒有**巧合，也沒有什麼事是「因意外」而發生的。每件事和每個冒險，都是你的靈魂召來**自己**身邊的，以使你能創造並經驗**你真的是誰**。所有真正的**大師**都了解這點。這也是為什麼在面對人生最糟的經驗（就如**你**所界定的）時，神秘的**大師**仍能保持面不改色。

你們基督教的偉大老師們了解這點，他們知道耶穌並未因被釘上十字架而慌亂，反而預期它。**他**可以逃開，但**他**沒有。**他**也可以在任何時刻中止那過程，**他**有那種力量，然而**他**沒有那樣做。**他容許自己被釘上十字架**，為的是**他**可以做為人之永恆救贖。**他**說，**看看我能做些什麼**，看看什麼是**眞的**。你們要知道，你們也能做這些事，甚至更多的事。**我**不是說過你們是**神**嗎？然而你們不相信。那麼，如果你們不相信**自己**，相信**我**吧！

耶穌是如此的悲憫，以致**他**用這種方法來給世界一個大大的衝擊，使得所有的人能上天堂（**自我**實現）——而如果沒別的辦法，那麼就透過**他**，所以**他**戰勝了悲慘和死亡，而你們也是可以的。

基督最偉大的教誨，不是在你們**將**享有永恆的生命——而是你們**本就有**；不是你們**將**有在**神**內的兄弟情誼，而是你們**本就有**；也不是你們**將**擁有你們要求的任何東西，而是你們**本就有**。

一定要**明白這點**，因為你們**是**自己實相的創造者，而生命必會對你展現你**認爲**它會是的樣子。

你想它就生出，這是創造的第一步。**天父**就是思維，你們的思維是孕生所有東西的雙親。

這是我們該記得的律法之一。

沒錯。

你還可以告訴我其他的嗎？

我告訴過你了，自開天闢地以來，**我**告訴過你所有的。**我**一而再，再而三的告訴過你們。**我**派給你們一位又一位的老師，只是你們不聽他們，你們殺害他們。

但**爲什麼**呢？我們爲什麼要殺害我們中最神聖的人？我們殺死他們或侮辱他們，都是一樣的。**爲什麼**？

因為他們與你們每個否定**我**的思想抗衡。而你若要否定你**自己**，你就必須否認**我**。

我爲什麼會想否定**你**或自己？

因為你害怕，而且**我的**承諾太好了，以致你覺得不可能是真的；因為你無法接受那最偉大的**眞理**，因而你們將自己陷入一種叫人恐懼、依賴、不包容的靈性教誨裡，而非愛、力量和接受的靈性教誨裡。

你們**充滿了**恐懼——而你們最大的恐懼是，**我**最大的允諾可能是人生最大的謊言。因而你們創造自己所能造的最大的幻想以自保：你們宣稱，任何給予你們**神**

的力量，並且向你們保證了**神**的愛的允諾，必然是**魔鬼的假承諾**。你告訴自己，**神**絕不會做這樣的承諾，只有魔鬼會——以誘惑你去否定**神**的真實身分，但是你們卻以為神的真實身分，其實就是那可怕的、好判斷的、善妒的、愛報復的，以及會懲罰的存有中之存有。

縱使這個形容更適合一個魔鬼（如果**有**魔鬼的話），你們卻將**魔鬼的特徵**派給了**神**，為的是說服自己別去接受你是**創造者**的似**神**承諾，或接受**自己**的似**神**特質。

恐懼的力量是很大的！

我正試圖放下我的恐懼。你可以再告訴我更多的律法嗎？

第一條律法：你可以是、可以做，而且可以擁有任何你能想像的東西。**第二條律法**：你會吸引你所害怕的東西。

為什麼呢？

情緒是吸引的力量。你非常害怕的東西，你就偏會經驗到。一隻動物——你認為是較低等的生命形態（縱使動物比人類以更大的正直及更大的一致性行動）——能立刻知道你是否怕它。植物——你們認為甚至更低等的生命——對愛它們的人，遠比對毫不在乎它們的人反應要好得多。

這些全非巧合。在宇宙裡**沒有**巧合——只有偉大的設計；一片不可思議的「雪花」。

情緒是動的能量。當你挑動能量，你便創造出效應。如果你移動了足夠的能量，你便創造出物質。物質是能量聚結在一起而成的，它們四處移動，擠在一起。如果你以某種方式操縱能量夠長的時間，你便得到物質，每位**大師**都了解這條律法。它是宇宙的鍊金術，是所有生命的秘密。

思維是純能量。你所有、曾有、會有的每個思維，都是有創造力的。你思維的能量永遠不會死，永遠。思維離開你後，會朝宇宙前進，永遠延伸。思維是永恆的。

所有的思維會凝聚在一起；所有的思維都會遇見其他的思維，在能量不可思議的迷宮裡穿梭，形成一個難以形容的美麗，以及不可置信的、複雜的、流變不居的花樣。

相似的能量會吸引相似的能量——「形成」類似的能量「團」。當這些類似的「團」彼此穿梭——碰觸——慢慢的能量團彼此就「黏在一起」，於是難以想像的大量相似能量「黏在一起」就形成了物質。但物質**是**由純能量形成的，事實上，那也是物質能形成的唯一方式。所以，一旦能量變成了物質，就會有很長的時間都維持是物質——除非它的構造被一個相反的，或不同的能量形式擾亂。這不同的能量就會使物質產生作用，實際上也就是拆散了物質，釋放出組成它的原能量（rawenergy）。

基本來說，這就是你們的原子彈背後的理論。愛因斯坦是比任何其他人——以前或以後——更接近於發現和解釋宇宙的創造秘密，並加以運用的人。

你現在該更了解**臭味相投**的人如何能一起努力來創造一個他們偏愛的世界了吧。「不論何處，兩個或更多的人因**我**之名聚在一起」（譯注：《聖經》名言，「若你們中二人，在地上同心合意，無論為什麼事祈禱，我在天之父，必要給他們成就。」），這句話就變得有意義得多了。

所以想當然爾，當整個**社會**以某種方式去思維，往往會發生非常令人驚愕的事——並非全都必然是人們想要的。舉例來說，一個活在恐懼中的社會，往往——事實上**不可避免的**——反而製造出人們最怕的具體東西。

同樣的，一個大的社區或宗教集會，也就很可能在共同的思想（或一些人稱為的共同祈禱）裡，找到製造奇蹟的力量。

所以你們可以很清楚，即使是個人——如果他的思想（祈禱、希望、願望、夢想、恐懼）是驚人且強而有力的話——也能自己製造出這種結果來的。耶穌就經常這樣做，**他**了解如何操縱能量和物質，如何重新安排它，如何重新分配它，如何完全的控制它。許多**大師**都知道這種事，許多人現在也知道了。

你也可以知道，就是現在。

這就是亞當和夏娃了解的關於善與惡的知識，除非你們也了解，否則不可能有**他們所知**的人生。亞當和夏娃——你們用以代表**第一個男人**和**第一個女人**的神話性命名——是人類經驗的**鼻祖**。

被你們形容為亞當的墮落的事——人類歷史上最偉大的一件事——實際上是他的提升。因為沒有發生的話，相對性的世界不會存在。亞當和夏娃的作為並非原罪，事實上，卻是第一個祝福。你們該打心底裡感激他們——因為在亞當和夏娃成為第一個做出「錯誤」選擇的人這件事上，實際上他們是製造出了**能做選擇的可能性**。

在你們的神話裡，你們讓夏娃成了「壞」人，那偷吃了禁果——善與惡的知識——的誘惑者，還嬌羞的邀亞當加入她。而由於這個神話式的背景設計，使得你們自此以後令女人成為男人的「沉淪」之因，結果造成了各種各類的扭曲世界——更不用說扭曲的性觀點和迷惑了。（你怎麼能對一件如此**壞**的事覺得如此**棒**？）

你最害怕的東西就是最會禍害你的東西。恐懼會像個磁鐵似的將恐懼吸向你。所有你們神聖的經典——你們創造出的每種宗教信仰和傳統——都有一個很清楚的訓誡：勿懼。你想這是偶然嗎？

所以，這些律法非常簡單，就是：

1思維是有創造力的。

2恐懼吸引相似的能量。

3愛是所有的一切。

老天，這第三項可把我弄糊塗了！如果恐懼會吸引相似的能量，愛又怎麼可能是所有的一切呢？

愛是終極的眞實（reality）。它是唯一的、所有的眞實。愛的感受是你對神的體驗。

以最高的真理而言，愛是所有的一切，所曾有的和將有的一切。當你進入了絕對裡，你就進入了愛裡。

相對領域是創造來使**我**能體驗**我自己**的。我曾向你解釋過這點，但這並沒使相對領域因而變為**眞實**。相對領域是你們和我設計出來，且繼續設計、創造出的真實——為的是讓我們可以在經驗上認識自己。

然而創造物可以看來非常的真，**目的**也就是要看來很真，這樣我們才會**接受**它是真實的存在。**神**曾設法以同樣的方式，創造出不是神的「某樣別的東西」。（雖然以最嚴格的說法，這是不可能的，既然**神**是——**我是**——**一切萬有**。）

在創造「某樣別的東西」——也就是相對的領域時，**我**製造了這樣一個環境：在其中你可以**選擇做神**，而非只被**告知**你是**神**；在其中你可以經驗**神格**（Godhead）為一個創造行為，而非一個觀念而已；在其中，在陽光下的小蠟燭——最小的靈魂——能認識自己是光。

恐懼是愛的**另一端**。這是**原始的兩極化**。在創造相對領域時，**我**首先創造了**我自己**的反面。所以，在你們居住的物質層面的領域裡，只有**兩個地方可待**：恐懼和愛。在物質的層面，根植於恐懼裡的思維會創造一種顯化，根植於愛裡的思維會創造另一種。

曾活在地球上的**大師們**，發現了相對世界的秘密，因為拒絕承認其真實性。簡言之，**大師們是那些只選擇愛的人。在每一瞬，每個片刻，每個環境**，縱使當他們被人殺害時，他們也愛他們的謀害者。縱使當他們被迫害時，他們仍愛他們的壓迫者。

你們很難了解這點，更不必說要接受了。不管怎麼說，那卻是**每位大師都做到的**。不論是哪種哲學，不論是哪種傳說，不論是哪種宗教——那是**每位大師都做到的**。

這個榜樣和教訓，曾如此清楚的呈現在你面前，一而再的讓你看到。在每個地方和每個年代；經過你的生生世世，而且在每個片刻；宇宙曾用每一個設計來將這真理放在你的面前，在歌和故事裡、在詩與舞蹈裡、在語言及動作裡——在你們稱為電影的動作畫面裡，在你們稱為書的文字的聚集裡。

從最高的山上，這真理曾被大聲喊出；在最低的地方，也曾聽到耳語；**在人類經驗的長廊，這個眞理回響不停：答案是愛。然而你們沒在聽**。

而現在，你到這本書裡來，再問**神**一次**神**已經以無數方式告訴過你無數次的東西，然而我也將再告訴你一次——**在此**——在這本書的本文裡。你現在肯聽了嗎？你真的會聽嗎？

你認為是什麼將你帶到這資料裡來的？你怎麼會將這本書拿在手上？你認為我不知道**我**在做什麼嗎？

在宇宙裡沒有巧合。

我聽到了你心的哭喊，我看到了你靈魂的追求，**我明白**你對**眞理**的渴望有多深，你在痛苦中，也在喜悅中召喚它。你不停不休的懇求**我**顯示**我**自己，**解釋我**自己，透露**我**自己。

我現在就在這樣做，以如此淺白的文字，使你不會誤解。以如此簡單的語

言，讓你不會搞混。以如此平凡的語彙，讓你不致迷失在冗詞中。

所以就來吧，問**我**任何事。**任何事！我**會設法給你答案，**我**會用整個宇宙去做這件事。所以注意了！這本書並非**我**唯一的工具，差得遠呢！你可以在問個問題後，就**放下這本書**。但注意看！注意聽！你聽到的下一首歌的歌詞、你讀到的下一篇文章裡的資訊、你看到的下一部電影的故事情節、你遇見的下一個人無意中說的話，或下一條河、下一片海洋的私語，輕撫你耳朵的下一抹微風——所有這些的設計都是來自**我**；所有這些途徑都對**我**開放。如果你肯聽**我**對你說話。如果你邀請**我**，**我**會來。那時**我**會顯示給你看，**我一向**都在那兒，**一向都是**。

2 神的欲望

「請你將生命的道路指示給我：
唯有在你面前有圓滿的喜悅；
在你右邊也有我永遠的福樂。」

——聖詠十六：十一

我一生都在尋找通往**神**的路——

我知道——

——如今我找到了，卻無法相信。我感覺像是自己坐在這兒寫這些給我自己。

你是的。

那不太像是與**神**通訊會有的感覺。

你要鐘鼓齊鳴嗎？那**我**來看看**我**能安排些什麼。

你知道，一定會有人說這本書是個褻瀆。尤其是，如果你繼續以這樣一個自作聰明的傢伙的樣子出現的話。

讓**我**解釋一些事給你聽。你們有「**神**在人生中只以一種樣子出現」的想法。

那是一個非常危險的想法。

這樣的想法讓你無法在一切地方看到**神**。如果你認為**神**看起來只有一種面貌，或聽起來只有一種聲音，或只以一種樣子存在，你便將日日夜夜忽略而看不到**我**。你將花一輩子找**神**而找不到**她**，因為你是在找**他**，**我**這是一個比喻。

曾有人說過，如果你在污穢深奧的地方看不到神，你便錯失了一半的故事。

這眞是個了不起的實話。

神在悲傷和歡笑裡，在苦與甜裡。每件事背後都有一個神聖的目的——因而**在每個東西**裡都有一個神聖的存在。

我曾經想寫一本叫作《神是一個義大利香腸三明治》的書。

那會是本非常好的書。**我**給了你那個靈感，可是後來你為什麼又沒寫了呢？

感覺起來像是褻瀆，或至少是可怕的不敬。

你是說**精采的**不敬！什麼東西讓你有**神**只是「虔誠的」這個想法？**神**是上與下、熱與冷、左與右、虔誠與不敬！

你認為**神**不能笑嗎？你是否認為神不會欣賞一個好笑話？你認為**神**是沒有幽默感的嗎？**我**告訴你，是**神發明**了幽默。

當你向**我**說話時，你必須文文靜靜的說嗎？鄙俗俚語或粗暴的言語是在**我**的知識範圍之外嗎？**我**告訴你，你可以跟**我**說話就像你會跟最好的朋友說話的樣子。

你認為會有一個字是**我**沒聽過，一個景象是**我**沒看過，一個聲音是**我**不知道的嗎？

你是否以為**我**輕視這些，而愛其他的？**我告訴你，我什麼都不輕視**。**這些全都不會令我厭惡**。它們是**生命**，而**生命就是禮物**；無法形容的寶藏；神聖中的神聖。

我即生命，因為**我**是生命**所是**的素質。生命的每個面向都有一個神聖的目的，沒有一樣東西的存在——**沒有一樣東西**——是不被神所了解和贊同的。

這怎麼可能？人創造出的邪惡又怎麼說呢？

你們無法創造一樣在**神**的計畫之外的**事物**——一個思維、一個物件、一個事件——或**任何一種**的經驗。因為**神**的計畫，是讓你們去創造**任何事物**——**每樣事物**——**不論你們想要的是什麼東西**。在這種自由裡，存在著**神**之為**神**的經驗——而就是**爲了這個經驗，我才創造你們**，以及生命本身。

惡是你們**稱爲**惡的事物，然而即使那個我也愛。因為只有透過你們稱為惡的，你們才能認識善；只有透過你們稱為是魔鬼的工作的事，你才能認識並且去做神的工作。**我**愛熱並不比**我**愛冷更多，愛高並不比愛低更多，愛左並不比愛右更多。這**全是相對的**，全是**存在**的一部分。

但我被教育成相信好與壞是眞的存在；對與錯是相反的；有些事是不能做、不對、不可接受的。

在**神**的眼裡，**每件事**都「可以接受」。因為**神**怎能不接受現實？排斥一樣事物，就是否認它的存在。說它不對，就是說它不是**我**的一部分——而那是不可能的。

然而你仍然要保持你的信念，信守你的價值。因為這些也是你的父母和你父母的父母的價值，你的朋友和你的社會的價值。這些價值成了你人生的結構，棄絕它們會解散你經驗的組織。不過，仍舊要一一的檢查，一件件的檢討。別去拆房子，要檢視每塊磚，並且換掉那些看起來殘破而不再能支撐結構物。

你的對與錯的想法，就只是想法而已。它們是形成**你是誰**的樣貌、和創造**你是誰**的內涵的思維。只有一個理由需要去改變你的想法，只有一個目的去促使你改變——就是如果你不喜歡**你是誰**。

只有你知道你是否快樂。只有你可以對你的人生說——「這是**我**的創造（愛子），**我**所喜悅的。」（譯注：緣自《聖經》中耶穌被施洗者約翰受洗時，雲開了，有聲音由天上說……）

如果你的價值對你有用，保持它，為它辯論，為它戰鬥。

然而，想辦法以一種不會傷害任何人的方式戰鬥吧。傷害者在療癒裡並非一個必要的成分。

你一邊說我們的價值全盤皆錯，一邊又說「要保持住你的價值」。請解釋這點。

我並沒有說你們的價值是錯的，雖然那也不是對的。那些只是判斷、評估、決定。大半來說，那些價值並非你的，而是別人做的決定，也許是你的父母，或者你的宗教，你的老師、歷史學家、政客們。

你視為真理的價值判斷，很少是你——你自己，以你自身的經驗為基礎而做的。然而，經驗是你到這兒來的目的——而你應該根據你的經驗來創造你自己，但**你**卻根據**別人的**經驗創造了你自己。

如果有「罪」這東西的話，那就是：你**因爲別人的經驗而容許自己變成今天的樣子**。這就是你犯的「罪」，你們全體都是。你沒等待自己的經驗，卻接受**別人的**經驗為福音（確實如此，然後當你第一次遇到了**實際經驗**時，你就將自己認為**已知**的事覆蓋在那遭遇上）。

如果你不這樣做的話，你可能會有一個全然不同的經驗——一個可能使得你的原來老師，或**是錯誤**的經驗。然而在大多數例子裡，你不想讓你的父母、你的學校、你的宗教、你的傳統、你的聖典是錯誤的——所以**你否定了自己的經驗**，而贊成別人**教你去想**的東西。

這點尤其在你們人類對性的處理上，被證實得最為清楚了。

每個人都知道，性經驗可以是人所能有的獨一：最有愛心的、最令人興奮、最強有力、最令人歡喜、最能使人恢復生氣、最能鼓舞精神、最能予人肯定、最親密、最使人能合為一體、最具娛樂性的**肉體**經驗。可是，你在經驗上發現這點之後，反而選擇去接受**別人**宣布對性的先前判斷、意見和想法。

這些意見、判斷和想法與你自己的經驗直接衝突，然而，因為你**非常討厭讓你的老師們顯得錯誤**，於是你說服自己，必然是你的**經驗**錯了。所以，最後是你反叛了你真正的真理——導致破壞性的結果。

在錢財方面，你們也一樣。在你的人生中，每當你有很多很多錢時，你便覺得棒極了，你收到錢覺得棒極了，你花掉錢也覺得棒極了。這並沒有什麼不好，沒有什麼壞，更不是什麼與生俱來的「錯」。然而在這個主題上，你們已有了根深柢固的**別人**的教誨，以至於你**拒絕了**自己的經驗，而去支持「真理」。

在接納了這「真理」為自己的之後，你在它周圍形成了思維——具有**創造力**的思維。如此，你創造了一個圍繞著金錢的個人實相，一個將金錢推離你的個人實相——因為你怎麼會想去吸引不好的東西呢？

令人驚訝的是，你在**神**的周圍也創造了同樣的矛盾。對於**神**，你的心所經驗的每件事都告訴你**神**是好的。但你的老師們教你有關**神**的每件事，都告訴你**神**是壞的。你的心告訴你，**神**應該被無懼的愛慕著，你的老師們卻告訴你，**神**是該被懼怕的，因為**他**是一位報復心重的**神**。他們說，你們該活在害怕**神**的義怒中，你們該在**他**面前顫抖，你一輩子都要害怕天父，因為天父是「公正的」。人家都這樣告訴你，而且老天有眼，當你面對天父可怕的公義時，你麻煩就大了！所以，你該「服從」**神**的命令。不然……

還有最重要的是，你不可問這種邏輯性的問題，像是「如果**神**要人嚴格服從**他的法律**，那**他**為何要創造出那些法律有被違犯的可能性」啊！你的老師告訴你——因為**神**要你有「自由的選擇」。然而，當選擇一件事而不選另一件事會導致詛咒時，哪種選擇是自由的呢？當「自由意志」並非你的意志，卻是別人的，並且必須服從，「自由意志」又如何是自由的呢？那些教你這個的人，讓**神**成了偽君子。他們告訴你，**神**即寬恕和慈悲；然而，如果你不以「正確方式」要求這寬恕，如果你**不適當的**「到**神**的面前來」，你的祈求將不會被聽到，你的哭訴不會被注意。當然，如果就只有一種適當的方式的話，也還不致太壞，但有多少教師在教人，就有多少種「適當的方式」啊！

所以，你們大部分的人，花掉你們成人生活的一大部分，只為尋找「正確」的崇拜、服從和侍奉**神**的方式。**但所有這一切的反諷是，我並不要你們的崇拜，**

我並不需要你們的服從，你們並沒有必要侍奉我。

這些行為是歷史上君王要求下屬的行為，而那些君王又往往是自大狂、沒安全感、專制的君王。不論怎麼說，那些都不是**神**會有的要求，而世人至今卻還無法下結論說，那些要求是假造的，與神明的需要或願望根本毫無關係。這實在是非常奇怪的事。

神沒有需要。「一切萬有」本就是所有的一切。所以，就定義而言，他不需要，也不欠缺任何東西。

如果你選擇相信一位需要某些東西的**神**，而且如果他得不到就會很傷心，進而懲罰那些不給他那東西的人的話，那麼你便是選擇了一個比**我**小得多的**神**。你們真的**是一位較差的神的兒女**（Children of a Lessor God，譯注：電影《悲憐上帝的女兒》之原名）。

你們不是的，我的孩子們，請讓我藉這本書再一次的向你們保證，我沒有需要。我不要任何東西。

這並不意謂著**我是沒有欲望的**。**欲望**和**需要**並非同一件事（雖然許多人在你們目前這一生裡，把兩者看成一樣）。

欲望是所有創造的開始，它是第一個思維。欲望是在靈魂內的一種崇高感受，它是**神**選擇下一次要創造什麼。

而**神**的欲望又是什麼呢？

首先，我願認識並經驗我自己，在**我**所有的榮光裡——認識**我**是誰。在**我**發明你們——以及宇宙之所有世界——之前，**我**不可能如此做。

第二，我願你們認識且經驗你們眞正是誰，藉由**我**賦予你們的力量，不論你們選擇的什麼方式去創造並經驗你自己。

第三，我願整個人生過程的每個片刻都是不變的喜悅、持續的創造、永不休止的擴展和完全的圓滿的經驗。

我已建立了一個完美的系統，讓這些欲望得以實現，現在它們正被實現中——就在當下這一瞬。你**我**之間的唯一差異就在**我知道這點**。

在你完全知曉的那瞬間（在任何時候那一瞬都可能降臨到你身上），你也會像**我**一樣感受到完全的喜悅、摯愛、接受、祝福和感恩。

這是**神**的**五種態度**。我們結束這場對話之前，**我**會顯示給你看，這些態度在你人生中的應用，如何能——並且將會——帶你到**神性**上。

以上這一切，是對一個非常短的問題非常長的答覆。

沒錯，請保持你們的價值——只要你還經驗到那些對你是有用的。但要留神的看明白，你以你的思維、語言和行為去信奉的價值，是否將你所有的最高和最好的想法帶到你經驗的空間來了。

一一檢查你的價值。把它們舉起來讓公眾細看。如果你能不縮小步調，或毫不猶豫的告訴世界你是誰，以及你相信什麼，你對自己就是滿意的。你也就沒有理由再繼續與我的這個對話，因為你已創造了一個**自己**——並且爲**自己**創造了一個生命——那是不需要贊同的。你已達到了完美。將這本書放下吧！

我的人生並不完美，離完美還遠得很，我並不完美。事實上，我是一團不完美。我希望——有時我全心的希望——我能改正這些不完美；我明白是什麼導致我的行爲，是什麼安排了我的墮落，是什麼一直在阻撓我。我猜，那就是我爲什麼來找你的原因。我還沒辦法靠自己找到答案。

我很高興你來了。**我**一直在這兒等著幫助你，**我**現在就在此，你不必靠自己找到答案，你從來就不必。

然而，就這樣坐下來，以這種方式與**你**對話，好像很……冒昧——更別說想像**你**——**神**——在回話了——我是指，這簡直是瘋了。

我明白了。《聖經》的作著就是精神健全的，但你卻是瘋了。

《聖經》的作者是目睹了基督一生的目擊者，而忠實的記錄了他們所見所聞。

更正。大多數《新約》**的作者**，從未遇見或看過耶穌，他們活在耶穌離世許多年之後。如果他們在街上撞見了**拿撒勒**的耶穌，也不會認識他的。

但是……

《聖經》的作者是了不起的信仰者和了不起的歷史學家。他們接納了別人——

長老們——傳給他們和他們的朋友的故事。這些長老們一一相傳，直到終於完成一個寫下的紀錄。

而並非《聖經》作者所記錄的每件事，都被包括在最後的文件裡。緣著耶穌之教誨，已冒出了一些「教會」——就如不論何時，不論何地，因為一個有力概念的形成，讓人們聚集時總會發生的事：在這些教會或集團裡，有某些人決定耶穌故事的哪些部分要被宣講，以及如何講。在整個蒐集、寫作、出版福音《聖經》的期間，選擇和編輯的過程一直在進行。

甚至在原始經典被寫下來的幾**世紀**之後，教會的高階會議又再決定一次，哪個主義和真理該被包括在那時官方《聖經》裡——而哪個是「不健康」或「不成熟」，不應該透露給大眾。

還有其他的神聖經典——每個都是由平凡的人在靈感降臨的時刻寫下來的，他們也都不比你更瘋。

你是在暗示——你不是在暗示吧——這本書有一天也可能變成「神聖的經典」？

我的孩子，**在人生中每件事都是神聖的**。是的，以那種說法，這些是神聖的著作。但**我**不會跟你說模稜兩可的話，因為**我**知道你的意思。不是，**我**並沒暗示這手稿有一天會變成神聖的經典。至少，不在這幾百年之內，或直到這語言變得過時了。

你明白嗎，問題在，我們所用的語言太口語化、太淺白、太現代。而人們通常會以為，如果**神**真的直接跟你說話，**神**也不會聽起來像個隔壁的傢伙。他說的語言應該有一些統一的，如果不是聖化的結構，也應該有一些尊嚴，一些**神性**的感覺。

如我先前說過的，那是問題的一部分。人們對**神**有個感覺，覺得**他**應該是以某種形象「現身」。而任何違反那形象的，就被認為是褻瀆。

如我先前所說過的。

對，如你先前所說過的。

但現在讓我們把你問題的核心弄個明白。你為什麼會認為，你能和**神**有個對話是瘋狂的？你不相信祈禱嗎？

我相信，但那是不同的。對我而言，祈禱一直是單向的。我問，而神保持如如不動。

神從未回應一個禱告？

哦，有的！但從未用說的。你明白嗎？嗯，在我一生中發生過種種的事，我確信是對禱告的回應——一個非常直接的回應。但神從沒開口對我說話。

我懂了。所以這個你相信的神——這個能做任何事的神——他只是無法說話。

如果神想要說的話，當然他可以說話。只不過好像神不大可能會想要跟我說話。

這就你人生裡所經驗的每個難題的根源——因爲你不認爲自己配讓神對你說話。

老天哪！如果你不認為自己配得上**我對你說話**，你又怎麼**可能**期望聽見**我**的聲音？

我告訴你：我現在正表演一個奇蹟。因爲我不但在對你說話，並且對每個拿起這本書、在讀這些字的人說話。

我現在正在對每個他們說話。我知道每個他們是誰。我現在知道誰會找到這些字句——而**我**知道（正如對我所有其他的通訊一樣）有哪些人將能聽見——而有些人則只能**聽而不聞**。

好，那引發了另一件事。即使現在，當這本書還在進行中，我已經想要出版了。

很好啊！那有什麼「錯」嗎？

別人會不會認爲我是爲了利益而造出這整件事的？那豈不是令這整件事顯得很可疑嗎？

你的動機是在寫什麼你可以賺大錢的東西嗎？

不是的，那並非我開始這件事的理由。我會開始這紙上的對話，是因爲我的大腦已被一些問題——我急於想得到答案的問題——折磨了三十年了。而我要將所有這些做成一本書的想法是後來才有的。

是**我**給你這想法的。

是**你**給我這想法？

是的。**你**不會以為，**我**會讓你浪費掉所有這些奇妙的問題與答覆吧？

我沒想過這點。最初，我只希望我的問題得到回答，困惑得到解決，結束不斷的尋找。

很好，那麼就停止質疑你的動機（你一直不停的那樣做），讓我們繼續吧！

3 做神的合夥人

嗯，我有上百個問題。上千、上萬個問題。而問題是，有時候我不知道從何問起。

只要把問題列下來。只要從**某一處**開始。現在馬上進行，列出你想到的問題。

好吧。有些問題看起來相當簡單，相當庸俗。

停止對你自己下判斷，只把問題列出來。

好。以下就是我現在想到的一些：

1我的人生何時才會「起飛」呢？我要如何才能「振作起來」，而達成最起碼的成功呢？我的奮鬥有沒有終止的一天呢？

2我什麼時候才能在關係中學得夠多，而讓關係順利進行？到底有沒有一種方法可以在關係中保持快樂？它們必得是經歷不斷的挑戰嗎？

3我爲何彷彿無法在我的人生中吸引到足夠的錢財？我的餘生是否注定得省吃儉用？關於金錢，是什麼阻止了我去實現我全部的潛能？

4我爲何不能做我眞正**想**做的事，而且也能謀生呢？

5我如何解決一些健康上的問題？我經歷過的慢性病痛已夠我三輩子受的了。還有，我爲什麼會有這些問題呢？

6我在此生該學的因果教訓是什麼？我正在試圖嫻熟什麼？

7有沒有轉世這回事？我有多少前生？我的前生是什麼？「因果債」是眞有其事嗎？

8我有時候覺得頗有神通。到底有沒有神通這回事？我是個通靈者嗎？聲稱通靈的人是否在「和魔鬼打交道」？

9做好事是否可以收費？如果我選擇在世上做治療的工作——**神**的工作——我能那樣做而同時也變得很有錢嗎？或兩者是互相牴觸的？

10性是許可的嗎？請照實說吧——在這個人類經驗背後的眞實故事是什麼？性，是否如某些宗教所說，純粹是爲了繁衍後代？是否得透過否定——或轉化——性能量，才能達成眞正的神聖和悟道？是否可以享有無愛之性？光是身體上的性感受，是否足以成爲享受性的理由？

11如果我們必須要盡量避開性，那你又爲什麼將性造成這麼好、這麼令人目眩、這麼有力的一種人類經驗呢？哪一邊得讓步？就此而言，爲什麼所有好玩的事不是「不道德，不合法」，就是「讓人發福」的呢？

12在其他的星球上有生命嗎？他們來探訪過我們嗎？我們現在是否正被觀察著？在我們此生，我們會看到外星生命的證據——不可置疑且不容辯駁的證據嗎？每種生命形式是否都有自己的**神**？你是所有一切的**神**嗎？

13烏托邦有天會不會降臨到地球？**神**會如**他**承諾過的，顯現**他**自己給地球上的人？有沒有「基督再臨」這回事？會有世界末日來臨，如在《聖經》裡預言過的？是否有個唯一的正教？如果有，是哪一個？

這些只是我少數幾個問題，如我說過的，我還有成千上百個。有些問題令我很不好意思——它們是如此的「不成熟」。但請回答這些問題——一次回答一個——並且讓我們好好「談談」它們。

好的。現在我們正式上路了。不必為這些問題道歉，這些是男人和女人們幾百年來都一直在問的問題。如果這些問題是如此無聊，就不會有一代接一代的人都在問了。所以讓我們看看第一個問題。

我曾在宇宙裡建立了「律法」（Laws），使得你們可能有——可能創造——你們選擇的東西。你們不能違反這些「律法」，也無法忽略不管。甚至當你現在讀這文字時，你也在遵守這些「律法」。你們無法不遵守「律法」，因爲那是事情運作的方式。你無法離開「律法」；你無法在它之外運作。

你生命的每一分鐘都在「律法」之內運作——而你也依此創造出你所曾經歷的每件事。

你在做**神**的合夥人，我們共享一份永恆的盟約。**我**應允你的是：永遠給你要求的東西；而你應做的是：去要求，去了解要求和回應的過程。**我**以前已經跟你解釋過一次這個過程，**我**再解釋一遍，讓你能更清楚的了解。

你是三重的生命。你包括了**身體**、**心智和心靈**。你也可以稱之為**物質（形體）、非物質（非形體），以及超物質（the meta-physical，亦即形而上的）**。這即**是三位一體（Holy Trinity），而人類曾給它許多不同的名字。**

你是什麼，**我**就是什麼。**我**顯現為三位一體的樣子。你們有些神學家曾稱此為聖父、聖子和聖靈。

你們的精神科醫師曾認出這「三人組」，而稱之為意識、潛意識及超意識。

你們的哲學家曾稱之為原欲、自我及超我。

科學家們稱之為能量、物質及反物質。

詩人說起腦、心與靈魂。新時代思想家談到身、心與靈。

你們的時間被分隔為過去、現在與未來。這豈不是與潛意識、意識與超意識相同嗎？

空間同樣的也分隔成三：這兒、那兒，及兩者之間的空間。

困難且難以捉摸的是界定及描寫這「兩者之間的空間」。你一旦開始定義或描寫，你所描寫的空間就變成了「這兒」或「那兒」。然而，我們**明知**這「兩者之間的空間」存在。它就是那令「這兒」和「那兒」定位的東西，正如永恆的現在（eternal now）令「之前」與「之後」定了位。

你們的這三個面向（aspects）事實上是三種能量。你可稱之為**思維**、**語言和行動**。所有三項合在一起產生了一個**結果**——以你們的語言和了解，被稱為一個感受或體驗。

你的靈魂（潛意識、原欲、心靈、過去等）**是你曾有過**（創造過）的每個感受的總和。你對這其中的某些覺察，就是你所謂的記憶。當你有個記憶，你就是在重組（**re-member**）。那就是，將東西放回到一起，重新組合各個零組件。

當你重組了你的各個部分。你將會重新組合（**re-membered**，譯注：此處神在玩文字遊戲，**member**文義可包括部分、成員）**你眞正是誰**。

創造的過程始自思維——一個想法、觀念、觀想（visualization）。你眼見的每件東西都曾是某人的想法。在你們世界裡存在的東西，沒有一樣不是先以純粹思維的方式存在的。

就宇宙而言，這也是真的。

思維是創造的第一個層次。

語言是第二層，你說的每句話都是一個思維的表達。語言是有創造性的，且會將創造能量送到宇宙裡。語言比思維更富動力（因此，有人可能會說是更富創造力的），因為語言和思維是在不同的振動層面上。語言更大的衝擊力是擾動（改變、影響）宇宙。

語言是第二個創造層面。

再其次是行動。

行動是在動的語言，語言是表達出來的思維，思維是成形的想法，想法是匯合到一起的能量，能量是被釋出的力量，力量是元素的存在。元素是神的粒子，一切的一部分，每樣東西的材料。

神是開始，行動是結束。行動是**神**在創造，或**神**的體驗。

你們對自己的想法是：你們不夠好，不夠神妙，不夠無罪來做為**神**的一部分，並與**神**合夥。你已經長久的否認了**你是誰**，以致你已遺忘了**你是誰**。

這並非因巧合而發生，這並非偶發事件，全是神聖計畫的一部分。因為，如果你已然是**你的本來身分**，你便無法去要求所有權、創造力，以及體驗**你是誰**了。所以你必須先放掉（否認、忘懷）你與**我**的連繫，你才能藉由完全的創造——藉由召之前來——以便完全的體驗。因為你最大的願望——也是**我**最大的欲望——就是讓你體驗你本是的：**我**的一部分。所以，你正藉著在每個片刻重新創造自己，因而體驗你自己的過程裡。就如**我**也透過你而這樣做一樣。

你看到這個合夥關係了嗎？你了解這個意涵了嗎？這是個神聖的合作——真

的，一個神聖的合一。

當你選擇這樣做的時候，生命將為你「起飛」。但你尚未選擇如此，你曾拖延、延長、伸長、抗議。現在是你宣布並且製造出你曾被應允的東西的時候了，你可以做到這點，你必須相信那允諾，並且實現它。**你必須實現神的允諾**。

神的允諾是：你是**他**的兒子，**她**的後裔，**它**的肖像，**他**的相等物。

啊……這兒就是你卡住的地方。你能接受「**他**的兒子」「後裔」「肖像」，但你對被稱為「**他**的相等物」卻反彈了。那超過了你能接受的程度。太自大了，太神奇了——太多的責任了。因為，如果你是**神**的相等物，那就意謂著沒有人在對你做什麼——而所有的事物都是被你創造的。**再也不可能有受害者，再也沒有惡人**——只有你對一件事物的想法所造成的結果。

我告訴你：你在世界看到的所有一切，都是你對它的想法的結果。

你想要你的人生真的「起飛」嗎？那麼就改變你對事情的想法。如**你是的神**的模樣，去思想、說話，以及行動。

當然這會將你與許多人——大半的人——分開，他們會稱你為瘋子，說你褻瀆。他們甚至終究會受夠了你，而企圖釘死你。

他們會這麼做，並非因為他們認為你在自己的幻覺世界裡（大多數人夠器量，會容許你有你私自的娛樂），卻擔心別人遲早會被你的真理吸引——為了那真理帶給**他們**的允諾。

那就是你的同伴們會干預的地方——因為那就是你開始會威脅到他們的地方。因為你們單純的真理，單純的被實現的話，會提供更多的美、更多的安適、更多的寧靜、更多的喜悅，以及更多對自己和他人的愛，比任何你們活在紅塵裡的人能發明設計出的還要多。

而那個真理，若別人也採納的話，意謂著他們的處世方式也將終止，意謂著憎恨、恐懼、偏見和戰爭的終止，以**我**之名而持續進行的譴責和殺戮的終止，「力量即正義」的終止，靠權力獲取利益的終止，以恐懼獲取忠誠及臣服的終止，如他們所知——以及如你至今所曾創造——的戰爭的終止。

因此，善良的靈魂，要準備好啊！因為你會受到詆毀和侮辱，被中傷和捨棄，最後他們會控訴你，審判你，並且定你死罪——全以他們自己的方式——當你一旦接受且採納了你的神聖主義——實現**自己**——的時候。

那麼，為什麼要去做這件事呢？

因為你不再在意世界的接受或贊同，你不再滿足於它所帶給你的東西，你也不再喜歡它帶給別人的結果。你要止住那痛，停止那苦，終止那幻象。你已受夠了這個世界的現狀，你在尋找一個更新的世界。

別再尋找了。現在，**召它前來**。

你能幫我更加了解如何去做嗎？

好的。首先，找到你對自己的最高想法，想像一下，如果你每天都照這個想法過活，你是什麼樣子，想像你會怎麼思想、做事和說話，以及你會如何對其他人的所言所行反應。

你看得出在那個投射和你現在如何思想、做事與說話之間有何不同嗎？

是的。我看到了很大的不同。

很好。你應當看得出，因為我們知道現在你並沒有活在你對自己的最高夢想裡。現在，既然已看到你所在之處和你想到之處的差別，就開始改變——有意識的改變——你的思想、語言和行為，以配合你最遠大的夢想。

這需要非同小可的精神上和身體上的努力，這需要對你每個思、言、行經常的、時時刻刻的監督，這涉及了有意識的持續選擇，這整個過程是朝向莊嚴有力的意識前進。如果你接受了這項挑戰，你會發現**一半的人生都是無意識的活著**。那就是說，在有意識的層面上，你沒有覺察你在思、言、行上**選擇了什麼**，直到你體驗到其後果。然後，當你經驗到這些後果時，你否認你的思、言、行與它們有任何關係。

這是個停止你如此無意識生活的召喚，是有始以來你的靈魂一直在叫你面對的挑戰。

這樣持續不斷的心神監督，看起來非常令人筋疲力竭——

可能會的，直到它變成了你的第二天性。事實上一定是你的第二天性。你的第一天性是無條件的愛人。你的第二天性是選擇去有意識的表達你的第一天性，你的真正本性。

恕我多嘴，但這種對我所思所言所行的每件事不停的編輯（editing），豈不會令人變得呆板無趣嗎？

絕不會，會變得不同，但不會呆板無趣。耶穌呆板嗎？**我**不以為。在佛陀身邊很無趣嗎？人們在他跟前聚集、乞求。沒有一個達到大師級的人是無趣的，他們也許非比尋常，也許特殊。但從不會無趣。

所以——你希望你的人生「起飛」嗎？**立即開始想像你希望它是的模樣——然後深入其間，檢查每一個與之不和諧的思、言、行，遠離它們。**

當你有個與你更高的想法不協一的思維，當下就**改變到一個新思維去**。當你說了跟你最偉大的想法不協一的一句話，心中記下別再說類似的話。當你做了一件與你最大的善意不協調的事，下決心那將是最後一次。並且，如果可能的話，也與牽涉其中的任何人解釋明白。

我以前聽過這種話，但我一向持反對意見，因爲聽起來很不誠實。我的意思是，如果你病得跟條狗似的，你不該承認。如果你氣得七竅生煙，你不該表現出來。這令我想起了一個笑話，關於三個被判下地獄的人。一個是天主教徒，一個是猶太人，一個是新時代人（**New Ager**）。魔鬼冷嘲熱諷的對天主教徒說：「喂，你享受這份熱嗎？」天主教徒嗤之以鼻道：「我回向給上天。」魔鬼隨即問猶太人：「那你又享受不享受這份熱呢？」猶太人說：「除了預期更多的苦難，我還能期待什麼呢？」最後，魔鬼走近新時代人。「熱？」新時代人一邊冒汗一邊說：「什麼熱？」

真是個精采的笑話。但**我**說的並不是忽視問題，或假裝它不在那兒。**我**說的是，注意當時的狀況，然後說出關於它最高的實話。

如果你破產了，你就是破產了。對這事撒謊是沒有意義的，並且若試圖假造出一個故事以便不去承認它，更是累人。然而，你如何**經驗**「破產」這回事，是要看你對它的想法──「破產是壞事」「這太可怕了」「我是個壞人，因為勤勉做事和真正努力的好人永不會破產」等等。你停留在破產狀況多久，要看你對破產的說法──「我破產了」「我身無分文」「我一無所有」。創造你長期的現實狀況的，是你對破產所採取的行動——替自己難過，消沉地無所事事，不謀求解決之道，因為「又有什麼用呢」。

對宇宙需要有的第一個了解是，沒有情況是「好」或「壞」的，它只不過如是。所以，停止做出價值判斷吧！

第二件需要明白的是，**所有的狀況都是暫時性的。沒有一件事維持不變，沒有一件事保持靜定。一件事往哪個方向變，操之在你。**

對不起，我又必須打斷你了。若是一個人病了，但他有移山的信心——**因此他思、言，並且相信他會好些**……卻在六週後死了，那又怎麼說呢？那豈不與所有這些積極性思考、肯定性行動的講法相衝突了嗎？

很好，你這問題還真得好好想想。很好，你並沒有只是聽信**我**的話。有一天，你會到達一個層次，那時你**必須**聽信**我**的話——因為你終於會發現，我們——你和**我**——可以永遠不停的討論這件事，直到你沒有別的事可做，只能「試試看或否認它」。但我們還沒到達那個地方。所以讓我們繼續這對話；讓我們繼續——

那個「有移山的信心」而在六週後死去的人，他移山達六週之久。那在他而言可能已經夠了。可能在最後一天的最後一小時，他決定說：「好吧，我受夠了。我現在已準備好去從事另一個探險了。」你可能不知道那個決定，因為他可能沒告訴過你。事實是，他可能相當早——幾天前、幾週前——便做了那個決定，卻沒有告訴你，也沒告訴任何人。

你們創造了一個社會，在這個社會裡，想死是非常不被接受的，能接受死亡是非常不能被接受的。由於你自己不想死，你無法想像有**任何人**會想要死——不論他們的環境或狀況如何。

但有許多情況，人們會情願死而不想活，我相信如果你稍微想一想，你就能了解的。然而，當你注視一個選擇了死亡的人的臉時，你並沒想到這事實——那並非不證自明的。而垂死的人明白，他能感受到關於這個決定，屋裡的人的接受度。

你有沒有注意過，有多少人是等到屋裡無人時才死？有些人甚至必須告訴他們所愛的人——「沒事，真的沒事，去吧，去吃點東西。」或「去吧，去睡一會兒。我很好。明天見。」然後，當忠心的守護者離開了，被守護的人的靈魂也就離開了身體。

如果他們告訴聚集一堂的親友們說：「我只想死。」相信他們會聽到：「哦，你不是說真的吧！」「唉，別那樣說。」「撐著點！」或「請別離開我。」

整個醫學界就是被訓練來保住人的生命，而非使人們安適，以便他們能有尊嚴的死去。

你明白嗎，對一位醫生或護士而言，死亡是個失敗。對一位朋友或親戚而言，死亡是件災難。只有對靈魂而言，死亡是如釋重負。

你能給垂危者的最大禮物是，讓他們平靜的死——而不是以為他們必須「撐下去」，繼續受罪，或在他們此生這個最關鍵性的時刻還得擔心你。

所以，對那個說他會活下去，相信他會活下去，甚至祈求活下去的人，這時事情的真相卻是：在靈魂的層面，他「改變了主意」。現在是放掉身體，讓靈魂有自由去從事其他追求的時候。當靈魂做了這個決定，身體怎麼樣做也無法改變了。大腦怎樣想也無法改變了。唯有在死亡的那一刻，我們才知道，在身心靈的三人組裡，誰才是老大。

你終其一生都以為你是你的身體，有時候你認為你是你的大腦，只有在你死亡的時候，你才發現**你到底是誰**。

的確也有些時候，身和心就是**不聽**靈魂的話，這也會創造出你所形容的場景。人們最難做到的就是聆聽他們自己的靈魂（請注意有多麼少的人那樣做）。那麼，往往靈魂做了一個決定：是他該離開身體的時候了。身與心——一向是靈魂的僕人——聽到了這點，而開始了脫離的過程。然而心（自我）不想接受，畢竟這是它存在的終結，所以心指示身體要抵抗死亡。身體很高興聽命，因為它也不想死。身和心（自我）為此從外在世界——收到很大的鼓勵，很大的稱許，所以這戰略得到了肯定。

現在，在這一點，每件事情都得看靈魂有多急於離去。如果此處沒有很急迫的感覺，靈魂可能說：「好吧，你贏了。我會再跟你們待一陣子。」但如果靈魂非常確定，停留對它更高的議程沒什麼用的話——它無法再透過這個身體而更進一步**演化**的話——靈魂就會離開，沒有任何事情能——也不該——阻止它。

靈魂很清楚它的目的是要演化，那是它**唯一的**（sole）目的——也是**靈魂的**（soul）目的（譯注：此處，神在玩同音字的遊戲）。它並不在意身體的成就或心智的發展，這些對靈魂而言都是無意義的。

靈魂也很清楚，離開身體並非什麼了不起的悲劇。在許多方面來說，困在身體**裡**才是悲劇。所以你必須了解，靈魂以不同的角度來看死亡這件事。當然，它也以不同的角度來看整個「生命這回事」，而這就是一個人，在他人生中感受到的挫敗和焦慮的大部分來源。挫敗和焦慮來自不聆聽自己的靈魂。

我怎樣才能盡量聆聽我的靈魂？真的，如果靈魂是老大，我怎麼才能確知我是從他那裡得到了些指示呢？

你能做的第一件事是：弄清楚你的靈魂在追求什麼——並且不再加以批判。

我在批判我自己的靈魂嗎？

經常如此。**我**剛剛才給你看過，你如何批判你自己想死的願望。你也批判自己想活——真的**活著**——的願望。你為了自己想笑、想哭、想贏、想輸——**尤其是**想體驗喜悅和愛——而批判自己。

眞的嗎？

你不知從哪裡無意中發現了**捨棄**喜悅是虔誠的——**不**禮讚生命是神聖的——想法。你告訴自己，否定是好的。

你是說這樣不好嗎？

它既非好也非壞，只是否定。如果在否定自己之後，你覺得很好，那麼在你的世界裡那就是好的。如果你覺得不舒服，那麼它就是壞的。但多半時候，你無法決定是好是壞，你捨棄這個或那個，是因為你告訴自己不該得到。然後你說那是件好事——但又奇怪自己為什麼會**覺得**不舒服。

所以，第一件該做的事，就是停止批判自己。弄明白靈魂的願望，而順著去做，順隨你的靈魂。

靈魂追求的是——你所能想像的對愛的最高感受，這是靈魂的願望，這是它的目的。靈魂是在追求那種感受，並非知識而是感受。它已然有那知識，但知識是概念性的，感受是經驗性的，靈魂想要感受它自己，**在它自己的經驗裡**認識自己。

最高的感受是，體驗到與「一切萬有」的合一。這是靈魂所渴望的偉大的回歸真理，這是「完美的愛」的感受。

就感受而言，完美的愛就像是色彩中的白色一樣。許多人以為白色是**沒有**色彩的，不是的，白色涵括了**所有的**色彩，白色是**其他每個存在的色彩**合在一起。

所以，同樣的，愛並非情緒（恨、憤怒、情欲、嫉妒、貪婪）的不在，卻是所有感受的總和。愛是總額，是集合起的總和，是每一樣東西。

因此，靈魂若要體驗完美的愛，就必須體驗**每一樣人類的感受**。

對於**我**不了解的東西，**我**如何能有同情呢？**我**如何能寬恕別人的感受，如果**我自己**從來沒有那種經驗？所以我們看到了靈魂之旅的單純及可畏的兩面。我們終於了解它想要做什麼：

人類靈魂的目的，就是去經驗所有一切——因而它能夠是所有一切。

如果它從沒處於下，它如何能處於上？如果它沒在左邊，它如何能在右邊？如果它不認識冷，它如何是溫暖的？如果它否認惡，它如何能認識善？很顯然，**如果沒有可資選擇的東西**，它如何能選擇做任何東西？若要靈魂去體驗它的偉大，它必須**明白偉大是什麼**。如果**除了偉大之外**沒有別的，它便無法做到這一點。所以，靈魂了悟到，偉大只能存在於不偉大的空間裡。因此，靈魂從不譴責那不偉大的東西，卻只祝福——在其**內**看到**它自己的一部分**，這部分為了讓自己的另一部分凸顯而**必須存在**。

當然，靈魂的工作是讓我們選擇那偉大——選擇**你能是**的最好的你——而不去譴責你沒選擇的部分。

這是一件需要許多生來完成的重任，因為你們習慣於很快的下判斷，稱一件事為「錯誤」或「壞的」或「不足」，而非祝福你那未曾選擇的東西。

你們還不只去譴責——事實上你們試圖去傷害你們未曾選擇的東西。你試圖去毀滅它。如果有你不贊同的人、事、物，你便攻擊它。如果有與你的宗教不同的宗教，你便說它是錯的。如果有與你的思維矛盾的想法，你便恥笑它。如果有與你不同的想法，你便排斥它。你這樣做就不對了，因為你只創造了半個宇宙。而當你**輕率的排斥**了另一半的宇宙時，你甚至無法了解你這一半。

所有這一切都非常深奧——但我謝謝**你**。從來沒有人跟我說這些事情。至少，沒說得這樣言簡意賅。我正試圖了解，眞的，我在努力。然而，這些東西有的很難理解。舉例來說，**你**彷彿是說，我們應該愛「錯」，以便能了解「對」。**你**的意思是說我們必須擁抱魔鬼嗎？

否則你又怎麼療癒他？當然，並沒有一個真的魔鬼存在——但**我**以你所選擇的用語來答覆你。

療癒是接受一切，然後選擇最好的一個過程。你了解嗎？如果你沒有**別的**選擇，你無法**選擇**去做**神**。

嘿！等一下，誰又說過選擇做**神**的話了？

最高的感受是完美的愛，不是嗎？

是的，我覺得該是的。

那你能找到對**神**的一個更好的形容嗎？

不，我不能。

可是，你的靈魂尋求那最高的感受。靈魂尋求去體驗——去**做**——完美的愛。

靈魂**即**完美的愛——它**知道這一點**。然而靈魂希望**不只是知道**，它希望去**經驗與實踐**。

當然你在尋求做**神**！否則你認為你在打什麼主意呢？

我不知道，我不確定，我猜我只不過從未這麼想過。那樣想總像有一點對神不敬吧？

你尋求像魔鬼卻不覺得有何褻瀆**神**的意思，但尋求像**神**卻令你覺得刺耳，這不是很有趣嗎？

喂！等一下！誰又尋求像魔鬼了？

你啊！你們**全**都是！你們甚至創造出宗教，讓它告訴你們，你們**生**於罪中，你們**生出來**便是罪人，為的是說服你們自己，你們是邪惡的。然而，如果**我**告訴你們，你們是由**神**生出來的，你們出生時是純粹的男神和女神——**純粹的愛**——你們卻否定**我**。

你們一輩子都花在說服自己是壞人。不只你們是壞人，你們想要的東西也是壞東西。性是壞的、金錢是壞的、喜悅是壞的、權力是壞的，擁有很多東西——任何東西——是壞的。有些宗教甚至讓你們相信**跳舞**是壞的，**享樂**是壞的，慶祝**生命**是壞的。不久你們可能也會同意，微笑是壞的，大笑是壞的，**愛人**是壞的。

不！不！我的朋友，你對許多事或許不是很清楚，但關於一件事你卻**是**很清楚的：就是你，和大半你想要的東西，都是**壞的**。對你自己下了這個判斷之後，你也就決定了你的任務，是去**變得更好一點**。

請注意！那也沒有問題。無論如何，條條大路通羅馬，只不過，是有一條更快、更短、更便捷的路。

是哪一條？

就是接受你現在是誰及是什麼——並且表現出來。

這是耶穌所做的。這是佛陀之路，克里希那（Krishna，譯注：印度教之神）之路，曾出現在這星球上的每一位大師所行之路。

而同樣的，每位大師都帶來一樣的訊息：**我**是什麼，你也是什麼。**我**能做到的，你也做得到。這些事，還有**更多**的事，你也都能做到。

然而你沒有聽進去，你反倒選擇那困難得多的道路：**認爲你是魔鬼，想像你是邪惡的**。

你說，行基督之道是困難的，跟從佛陀的教誨是困難的，去保有克里希那的光，去做個大師是困難的。但我告訴你：**否認你是誰**比接受它要難太多了。

你們即是美善、同情、慈悲和了解。你們即是平安、喜悅和光明。你們即是寬恕和耐心，力量和勇氣，在困難時的援手，在悲傷時的慰藉，在受傷時的治癒者，在迷茫時的老師。你們是最深的智慧和最高的真理；最深的安靜和最大的愛。

你們是這些。而在你們人生的一些時刻裡，你們**已知**自己**是**這些。

現在就選擇知道你自己永遠是這些！

4 有些人非常清醒，有些人則在夢遊

咻！**你**啓發了我！

本來嘛，如果**神**不能啓發你，難道鬼才能啓發你嗎？

你總是如此輕佻嗎？

我所說的並不是輕佻的話，你可以再讀一遍看看。

哦，我明白了。

很好。

可是，就算**我**真是在說輕佻話，也沒關係的，不是嗎？

我不知道。只不過我習慣於我的神是稍微嚴肅一些的。

唉呀，做做好事吧，別試圖限制**我**。順帶說一句，也別那樣對待你自己。

我只不過碰巧很有幽默感。**我**想，如果你看到你們全都把自己的人生弄成了什麼德行時，你就必須有幽默感，不是嗎？**我**是說，有時候**我**除了發笑外，沒有別的辦法。

不過，那也沒關係。因為，你要知道，**我**明白事情終究是沒問題的。

你那樣說是什麼意思？

我的意思是，在這場遊戲裡，你無法輸，你無法做錯，錯誤不屬於計畫的一部分。你無法不抵達你要去的地方，你無法錯過你的目的地。如果**神**是你的標靶，你可走運了，因為**神是如此之大，你不會錯過他**的。

當然，那也是最大的煩惱。最大的煩惱是，不知怎的，我們弄砸了，而再也見不到你，再也沒法與**你**在一起了。

你的意思是「上天堂」？

是的。我們全都害怕下地獄。

所以你一開始便將自己放在地獄裡，以避免**到那兒去**。嘿……有趣的戰略。

你又在說輕佻話了。

我也沒辦法呀！這整個有關地獄的說法令我原形畢露啊！

天啊！**你**是個十足的**喜劇演員**。

你花了這麼久的時間才發現這一點嗎？你最近注意過時事嗎？

這又令我想到另一個問題。你爲什麼不整頓好——世界，反倒坐視它變成地獄似的呢？

你又為什麼不整頓世界呢？

我沒那個力量。

胡說！你現在就有力量和能力，在這一瞬間終止世界的饑荒和治癒疾病。如果我告訴你，你們自己的醫學界拖延不發表治療之方，拒不贊同另類醫藥及療法，為的是它們會威脅到「治療」專業的根本結構，你會怎麼想？如果我告訴你，世界上的各個政府並不想要終止世界饑荒，你會相信我嗎？

我會覺得難以置信。我知道那是民粹主義者（populist，美國人民黨所提倡的主義，以主張保護農民爲其政策）的看法，但我無法相信它竟然是眞的。沒有醫生會去否定任何一種治療法。沒有哪一國的人會想看到他自己的同胞死去。

沒錯，沒有一個醫生會如此。沒錯，沒有**特定的**哪一國人會如此。但醫療和政治已經變得**體制化了**（institutionalized），而……由於對那些機構而言是攸關其生死的問題，所以那些機構反對這些事，有時是非常不著痕跡的，有時甚至是無意的，但卻是不可避免的。

所以，**我**只舉一個非常簡單而明顯的例子，西方的醫生否定東方醫生醫術的療效，因為，若接受它們，若承認某種另類用藥程式，可能正可以提供一些治療的話，就會動搖已建制好的體制基礎吧！

這並非惡意的，但卻是暗自進行的。那些專業的人並非由於明知其為惡事而去做，卻是由於恐懼而做。

所有的攻擊都是一種呼救。

我在《奇蹟課程》裡讀到過那句話。

是**我**把它放在那兒的。

哇塞，**你**對每個問題都準備好答案了嘛！

那倒提醒了**我**，我們才剛開始回答你的問題而已。我們是在討論如何令你的人生踏上正軌，如何讓它「起飛」。**我**本是在討論創造的過程。

是的，而我一直在打岔。

沒有關係，但是我們還是回頭吧，**我**可不想切斷那麼重要問題的線索。

生命是個創造，而非一個發現。

你每天活著，並不是去發現生命為你準備了什麼，而是去**創造**生命。你每分每秒都在創造你的實相，雖然可能你並不知覺。

以下就是它為何如此，以及它是如何運作的。

1**我**以**神**的形象創造了你們。

2**神**是那創造者。

3你們是三位一體的。你們可稱「存在的這三個面向」為任何你們想要的名稱：聖父、聖子和聖靈；身、心和靈；或者超意識、意識、潛意識。

4創造是由你身體的這三個部分出生的一個過程。換一種說法，你在三個層面上創造。創造的工具是：思想、語言和行為。

5所有的創造都以思想開始（「由聖父開始」），然後移向語言（「你們求，必要給你們；你們找，必要找著」），最後以行為實現（「聖言」成了血肉，寄居在我們中間」）。

6你思考過，但卻從未說過的事，在某個層面創造。你思考過，並且說過的事，在另一個層面創造。你思考過、說過，並且**做**過的事，在你們的世界裡具體顯現出來。

7去思、言和行你並不真正相信的事是不可能的。所以，創造的過程必須包括相信或知曉。這是絕對的信心。這**超越**了希望。這是明白一個確定性（「按照你的信心，你會得治癒」）。所以，創造之「行」的部分永遠包括了明白。它是一種心知肚明，一種全然的確定，一種將某事當作是真實的完全接受。

8這個明白的狀態，是一種強烈而不可置信的感恩狀態，它是一種事前的感激。這也許是創造的最大關鍵：在創造之前便對它感到感激。這種視為理所當然，不但是被原諒的，並且是被鼓勵的。它是**精通一樣事的明確記號**。所有的大師都事**先明白那件事已經做到了**。

9享受並慶祝所有你已創造的一切，排斥任何一部分，就是排斥你自己的一部分。它現在展現出來做為你的創造物的一部分，不論是什麼，承認它、保有它、祝福它，並且為之感恩。試著不要去詛咒它（「該死！」），因為詛咒它就是詛咒你自己。

10如果你發現不喜歡創造物的某些面，就祝福它，然後改變它。再選擇一次，召來一個新的實相，思考一個新的想法，說一句新的話，做一件新的事。聲勢驚人的這樣做，而世界其餘的人都會追隨你，叫它追隨，召呼它追隨，說：「我是生命和道路，追隨我。」

這就是如何做到「爾旨承行於地，如於天焉」。

如果一切都如此簡單，如果我們只需要十個步驟，爲什麼對大多數人而言，事情卻不是這樣的呢？

對**所有**的人而言，都是行得通的。你們有些人有意識的，帶著全然的覺察去用那「系統」，而有些人無意識的用它，卻從不知道自己在做什麼。

你們有些人非常清醒的走著，而有些人則在夢遊。然而你們**所有的人**都在用**我**已經給了你們的力量，以及**我**剛才描寫的過程，創造你們的現實世界——**創造**而非發現。

所以，你問**我**，你的人生何時會「起飛」，而**我**已給了你答覆。

要使你的人生「起飛」，第一，你要對你如何思考它變得非常清楚。思考一下你想做什麼樣的人，你想做什麼和擁有什麼。常常去思考，直到你對這點非常清楚為止。然後，當你非常清楚時，**不要去思考任何別的東西**，不要去想像任何其他的可能性。

將所有負面的思維丟到你的思想構築之外，丟去所有的悲觀，釋放所有的懷疑，拒斥所有的恐懼，訓練你的大腦緊抓住原始的創意。

當你的思維是清晰且穩固的時候，開始說出來，做為真理，大聲的說出來，用那召來創造力量的偉大命令句：我是。對別人用「我是」的聲明，「我是」是宇宙裡最強大的創造性聲明，在「我是」這個字之後，不論你想了什麼，說了什麼，就會令它們開始運轉而變成你的經驗，召它們前來，帶它們到你身上來。

除此之外，宇宙不知還有別的運作方式。它不知有其他的路好走，宇宙對「我是」反應，就如一個瓶中精靈一樣。（譯注：西洋童話裡，瓶中精靈會令主人的願望得到滿足。）

你說「釋放所有的懷疑，拒斥所有的恐懼，丟掉所有的悲觀」，就如**你**在說「代我買條麵包」一樣。但這些事說來容易，做來難，說「將所有負面的思維丟到你的思想構築之外」，就像在說「在午餐前要登上埃弗勒斯峰」一樣。那可是相當棘手的事啊！

駕馭你的思想，控制它們，並沒有表面看來那麼難（攀登埃弗勒斯峰也沒那麼難）。完全是紀律的問題，是意圖的問題。

第一步是學著監控你的思想；去**想一想**你在想的是什麼。

當你發現自己在想負面的思想——否定你對一件事的最高想法的思想——就再想一次，**我**要你**實在的**這樣做。如果你認為自己意志消沉，處於困境，而不會有什麼好結果，就**重想一次**。如果你認為世界是個壞地方，充滿了負面的事件，**重想一次**。如果你認為你的人生正在四分五裂，而且看起來好像你再也無法將之還原了，**重想一次**。

你能夠訓練自己那樣做的（看看你自己曾多成功的訓練自己別去那樣做）。

謝謝你。從來沒有人將這過程如此清晰的擺在我眼前。我希望它做起來像說起來一樣容易。至少現在我已清楚的了解了——我想。

唔，如果你還要複習的話，我們還有好幾世呢！

5 沒有十誡，是十項承諾；神給人自由，而非限制

通往**神**眞正的路是什麼，是透過棄絕嗎？就如一些瑜伽行者所相信的。而所謂的受苦這件事又如何呢？是否如許多禁欲者說的，受苦和服務是通往神之路？我們是否藉由「做好人」而贏得上天堂，如這麼多宗教所教導的？或是我們有自由爲所欲爲，違反或忽視任何規定，擱置任何傳統教誨，投入任何自我放縱，因而得到涅槃，如許多新時代人所說的？是哪一樣？嚴格的道德標準，或隨你高興就好？是哪一樣？傳統價值或邊走邊編造出新價值？是哪一樣？十誡或悟道七階？

你一定要一個確定的方式，是不是？……可不可以是「以上皆非」呢？

我不知道，我在問**你**。

那麼，**我**將以你最能了解的方式答覆你。雖然**我**要告訴你的是，答案就在你內心。對所有聽見**我的**話和尋求**我的眞理**的人，**我**都是這麼說。

每一顆真誠詢問「通往**神**的路」是哪一條的心，都被示以這條路。每一個都被給以一個至誠的**眞理**。順著你的心路到**我**這兒來，而別經由你的頭腦之路。在你的頭腦裡，你永遠找不到**我**。

要想眞正認識神，你必須忘記你的頭腦（out of mind，譯注：本為發瘋、心神錯亂之意。在修行上用為隨心，跟著感覺走，而不是在理智上分析之意）。

然而你的問題要求一個答覆，而**我**也不會避而不答。

我將以一個會驚嚇你——並且也許會觸怒許多人——的聲明來開頭：**根本沒有「十誡」這回事**。

哦，老天啊，沒有十誡嗎？

不，沒有十誡。**我**要誡律誰？**我**自己嗎？而且為何需要這種誡命？**我**想要什麼，就成了。所以，何需誡律任何人呢？

如果**我**真的頒布了誡命，它們豈不會自動被遵守嗎？**我**怎麼可能那麼希望某事是什麼樣子，以致頒布了命令——然後坐在一邊，眼看著它不是那個樣子呢？

哪一種國王、哪一種統治者會那樣做？

然而**我**告訴你：**我**既非國王，也非統治者，**我**只不過是令人敬畏的**創世者**。然而創世者並不統治，卻只創造，創造——並且繼續創造。

我以**我**的肖像創造了你們——祝福了你們，而且**我**曾給了你們某些應允和承諾。**我**曾以明白的語言告訴過你們，當你們變得與**我**為一時，會是什麼感覺。

你們——就跟摩西一樣——都是真誠的求道者。就如你現在一樣，摩西也曾站在**我**面前，乞求答案。「哦，我祖先的神啊！」他呼道：「請　紆尊降貴顯現給我。給我一個可以告訴人民的記號，我們怎麼能得知我們是被揀選的？」

而**我**帶來一個神聖的盟約——一個永恆的允諾——一個確定的承諾——給摩西，就如**我**現在來到你面前一樣。摩西憂傷的說：「我怎麼能確定呢？」**我**說：「因為**我**這樣告訴你，你聽到了**神的話**。」

神的話並非誡命，卻是盟約。就是……

十項承諾（TEN COMMITMENTS）。

因為在你內在會有這些記號、這些徵兆、這些改變，你將**明白**你已走上了通往**神**的道路，並且你將**明白**你已**找到了神**：

1你將全心、全靈、全意的愛**神**。並且你不會將別的**神**放在我前面。你不會再崇拜人類的愛，或成功、金錢、權力，或任何的象徵。你會把這些事物擱在一邊，就像小孩將玩具擱在一邊一樣。並非由於它們不夠好，卻是由於你已經長大到不再需它們了。

並且，你將**明白**你已走上了**通**往神之路，因為：

2你將不會妄用**神**之名。你也不會為了不重要的事呼求**我**。你將了解思想與言語的力量，而你不想以一種不虔敬的方式稱神的名。你不會妄用我的名，因為你無法那樣做。因為**我**之名——偉大的**「我是」**——永遠不能被妄用（就是說，沒有結果），**將來**也不可能被妄用。而當你找到了**神**，你將**明白這點**。

而**我**也將給你一些其他的記號：

3你將會記得給**我**留一天，並且稱之為神聖的。如此則你不至於長久停留在你的幻象裡，而會使你自己記起你是誰和是什麼。然後你很快的便會稱每一天為安息日，而**每一**刻為神聖的。

4你會榮耀你的雙親——當你在所有的思想、言語、行為中都榮耀你的**父母神**時，你會**明白**你是**神的子女**。並且，就像你榮耀**父母神**，以及你在**世上**的父母（因為他們給了你**生命**），你也會榮耀**任何人**。

5當你觀察到你不會謀殺（即是說，沒有理由的故意殺人）時，你就**明白**你已找到了**神**。因為，當你了解自己在任何情形都無法**結束**另一個人的生命（所有的生命都是永恆的），若無最神聖的理由，你不會選擇去終止任何一個特定的化身，也不會改變任何一個生命能量的形式。你對生命的新敬意會令你尊重**所有的**生命形式——包括植物、樹木和動物——而只有為了最高善，才會去衝擊它們。

而且，**我**也會給你其他的記號，使你明白你已上了路：

6你不會以不誠實或欺騙褻瀆愛的純潔，因為這是姦淫。**我**答應你，當你已找到了**神**，**你不會行姦淫**。

7你不會取不義之財，也不會為了得到任何事物去欺騙、共謀，或傷害別人，因為這是偷盜。**我**答應你，當你已找到**神**，**你不會偷盜**。

你也不會……

8說不誠實的話，因而做了偽證。

你也不會……

9貪圖鄰人之妻，因為當你明白**所有**其他人都是你的妻，你又怎麼會貪圖鄰人之**妻**呢？

10貪圖鄰人的財物，因為當你知道**所有**的財物都可以是你的，而所有你的財物都屬於世界時，你為什麼還會想要你**鄰人的**財物呢？

當你看見這些記號時，你將**明白**你已找到了通達**神**之路。因為**我**答應，沒有一個真正尋找**神**的人會再做這些事情。他根本不可能繼續這種行為。

這些是你的**自由**，而非你的**限制**。這些是**我**的**約定**，而非**我**的**誡命**。因為**神**不會支使和命令**神**所創造的事物——**神**只告訴**神**的兒女：這就是你如何得以知道你已在回家的路上的記號。

摩西迫切的問——「我怎麼會知道呢？給我一個徵兆。」摩西問的是你現在問的同樣問題。有史以來，所有地方、所有的人都在問同樣的問題，**我**的答覆同樣也是永恆不變的。但它從不是、也不會是個誡命。因為，**我**該命令誰呢？而且如果**我**的誡命沒被遵守，**我**又該處罰誰呢？

除了**我**之外，並無其他。

那麼，我並不需要恪守十誡才能上天堂囉？

根本沒有所謂「上天堂」這回事，只有你已經在那的一種明白。那是一種接受，一種了解，而不是努力追求或奮鬥。

你無法去你已經在的地方，除非你先離開你在的地方，而那是自己扯自己後腿。

但諷刺的是，大多數人認為他們必須離開他們現在的地方，以便去到他們想在的地方。因此他們離開天堂，只為了去天堂——中間還經過了地獄。

開悟就是：了解無處可去，無事可做，而且除了你現在是的那個人之外，你也不必做任何其他人。

你在一條無處可去的旅途上。

所以你們所謂的天堂是烏有之鄉（nowhere）。讓我們在w與h這兩個字之間留一點空間，你就會明白天堂就是此時……此地（now...here）。

每個人都這樣說！每個人都那樣說！逼得我快瘋了！如果「天堂就是此時此地」，爲什麼我看不見它？爲什麼我感覺不到它？而且，爲什麼世界是如此的一場糊塗？

我了解你的挫敗感。但要試圖了解這一切，就和試圖要別人了解它幾乎一樣的令人挫敗。

哇！等一等！**你**難道是說，**神**也會有挫敗感？

你以為是誰**發明了**挫敗感的？你能想像什麼是**你**所能經驗的而**我**無法經驗的事物嗎？

我告訴你：你有的每個經驗，**我**都有。你難道看不出**我**是**透過你**來經驗**我自己**嗎？否則你以為這一切又是所為何來呢？

若非有你，**我**無法認識**我自己**。**我創造了**你，以便認識**我是誰**。

但現在**我**不會在一章裡粉碎你們對**我**的所有幻想——所以**我**告訴你，在**我**最崇高的形式裡，即你們稱為**神**的形式，**我並不會**經驗挫敗感。

呼！那好多了！你剛才嚇到了我。

但那並非由於我無法經驗，而只是由於**我**沒選擇去那樣做。附帶說一句，你也可以做同樣的選擇。

但是，不論挫敗與否，我仍覺得奇怪，怎麼可能天堂就在此，而我卻沒經驗到它！

你無法經驗你所不知道的事物。由於你沒體驗到你是在天堂裡，你便不知道你在天堂。你明白嗎？對你而言，這是個惡性循環。你無法——尚未找到方法——經驗你所不知道的事物，而你不知道你未曾經驗過的事物。

「開悟」叫你做的是，知道某件你沒經驗過的事，從而經驗到它。「知道」

打開了經驗之門——與你們的想像剛好相反。

事實上，你們知道的遠比你們經驗過的多。你只不過不知道你知道而已。

舉例來說，你知道有一個**神**存在，但你可能不知道你知道這事，所以你一直**等待著**那個經驗。但你一直**有**那個經驗，然而你卻是無所知的有那個經驗——那就和沒有那個經驗是一樣的。

天哪，我們一直在這兒兜圈子嘛！

沒錯。而與其兜圈子，也許我們不如成為那圈子本身。這不必是個惡性循環的圈子，它可以是個崇高的圈子。

「棄絕」是否是眞正的靈性生活的一部分？

是的，因為所有的**靈**終究都會棄絕所有不真實的東西，而在你所過的生活中，除了你與**我**的關係之外，沒有一種是真實的。**然而傳統意義的「自我否定」**

的棄絕是不必要的。

一位真正的大師並不「放棄」某種事物。一個真正的**大師**只不過將之擱置一旁，就如他會將任何他不再有用的事物放在一旁一樣。

有些人說，你必須戰勝你的欲望，**我**卻說你只不過需要改變它們。第一種方法感覺起來像是一種宗教性的訓練，第二種則是一種歡喜的練習。

有些人說，你必須戰勝所有世俗的激情才能認識神。然而只要了解並接受它們就夠了。**你所抵抗的事物會持續存在，你所靜觀（look at）的事物會消失。**

那些誠摯的想要戰勝所有世俗激情的人，往往由於如此努力，以至於可以說，那反而變成了他們的激情。他們「對**神**有種激情」；想認識**神**的激情。但激情就是激情，用一種激情來換另一種，並不能消滅它。

所以，別判斷你感到激情的事物。只要注意到它，然後看看它是否於你有用，是否對你想成為誰或什麼有用。

記住，你經常不斷的在創造你自己的行動裡。你在每個片刻決定你是誰及是什麼。你大半透過你對誰或什麼覺得很熱情，因而做的選擇來決定這點。

往往你們所謂的一個走上了靈修之路的人，**看起來好像**他正棄絕了所有世俗的激情、所有人類的欲望。但他所做的是：了解它，看清幻象，而離開那於他無益的激情——同時卻由於那幻象所曾帶給他的：可以完全自由的機會，而一直摯愛那幻象。

激情是將存在轉成行動的愛，它是創造引擎的燃料，它將觀念變成了經驗。

激情是火，鼓動我們去表現我們真正是誰。永遠別否定激情，因為那就是否定了**你是誰及你真的想要做誰**。

棄絕永不否定激情——棄絕只不過否定對結果的執著。激情是愛做事，做事就是**被體驗到**的存在。然而，什麼常常被創造為「故事」的一部分呢？**期待**。

沒有期待的過你的生活——沒有要求明確結果的需要——**那**才是自由，那才是如**神**似的，那就是**我**所生活的樣子。

你不執著於結果？

絕對不執著。**我**的喜悅在創造，而非結果。棄絕並非否定行動的一個決定，棄絕是否定要有一個特定**結果**的決定，這大有不同。

可否請**你**解釋「激情是將存在轉成行動的愛」這句話的意思？

如如（beingness）是存在（existence）的最高狀態。它是最純粹的情緒。它是**神**的「現在──非現在」，「一切──非一切」，「永遠──從不」的面相。

純粹的如如就是純粹做**神**（God-ing）。

然而，我們永遠不能滿足於只是**存在**。我們一向渴望**體驗我們是什麼**──而那需要神性的完全不同的另一面，那稱為活動（doing）。

讓我們假設，在你神妙的**自己**的核心，你是**神**那被稱為「愛」的「一面」（附帶說一句，這是你的**眞相**）。

且說，**做爲**愛是一回事──而去做**某件有愛心的事則又是另一回事了。靈魂渴望去做有關自己是什麼的某件事，以便可以在自身的經驗裡認識自己，所以靈魂會試圖透過行動去實現自己最高超的理念。**

這個對行動的渴望就稱為激情。殺死激情，你便殺死了**神**。激情是**神**想要說「喂」。

但，你明白嗎，**神**（或**在你內在的神**）一旦做了那有愛心的事，**神**就已實現了**他**自己，而不再需要更多的事物了。

而在另一方面，人類則往往有這樣的想法，就是覺得在他的投資上需要有**利潤**。如果我們要愛某個人，很好——但我們最好能得到一些愛的回報。

這**不是**激情，這是**期待**。

這是人不快樂的最大緣由，這是分離人和**神**的東西。

透過某些東方神秘主義者曾稱為**三摩地**（samadhi）的經驗，棄絕者尋求終止這分離，亦即與**神**的合一——融入了**神**。

因此，棄絕是**棄絕結果**——但永不、從不棄絕激情。的確，大師直覺的知道，熱情即道路，它走到**自我**實現之路。

縱使以世俗的說法，也可以公平的說，如果你沒對任何事物有熱情，你根本就沒有生命。

你說過：「你抵抗什麼，什麼就會堅持持續，你靜觀什麼，什麼就會消失。」你能解釋一下嗎？

你無法抵抗你沒給它真實性的事物，抵抗一件事物的舉動，就是給予它生命。當抵抗一個能量，你就將它放在那兒了。你越抵抗，你就越令它真實——**不論**你在抵抗什麼。

而當你張開眼睛觀看什麼，它卻消失了。那就是說，**它不再保有其幻象的形式**。

如果你看著一件事物——真正的**看它**——你會**看透它**，並且看透它帶給你的任何幻象，在你眼中只留下了終極的實相。在終極實相面前，你軟弱的幻象沒有力量，幻象無法將你長久把持在它變弱的掌握裡。你看見它的**眞相**，而真相令你自由。

但，如果你不想讓注視的事物消失呢？

你應當**永遠**想要它消失！在你們的世界裡，沒有事物值得你抓住。然而，如果你**眞的選擇**了你人生的幻象，而不要終極實相，你可以簡單的**重新創造它**——正如你一開始創造它一樣。以這方式，你可以在你人生裡有你**選擇要有**的事物，而消除不再希望經驗的事物。

然而，永遠不要抵抗**任何事物**。如果你認為藉由你的抵抗，你會消滅它，你最好**再想一次**！因為你只不過將它種得更堅固。**我**難道沒告訴過你，**所有的思維**都是創造性的嗎？

縱使是說「我不要某樣事物」的思維嗎？

如果你不要它，為什麼要去想它。別再去想它了。然而，如果你**必得**想它——也就是說，如果你**無法不**去想它——那麼，不要抵抗它。反倒是，**直接的**看這不管是什麼的事物——接受它為你的創造物——然後選擇保有或不保有它，隨你高興。

是什麼因素讓我決定是否要保有一樣事物？

你認為你是**誰**和是**什麼**，以及你選擇要**做誰和做什麼**。

這決定了**所有**的選擇——你在人生中所做過以及將會做的每一個選擇。

那麼，棄絕世俗者的生活是一條不正確的路囉？

那並非一項真理。「棄絕」這個字具有錯誤的意義。說實在的，你無法**棄絕任何事物**——因為你抵抗什麼，什麼就會持續。真正棄世者並不棄絕，卻只是做了**不同的選擇**。這是個向某件事物靠近、而非遠離它的動作。

你無法離開某樣事物，因為它會追隨你到天涯海角又回來。所以，不要抵抗誘惑——只簡單的掉頭。轉向**我**，轉離任何不像**我**的事物。

但要知道：沒有不正確的途徑這種事物——因為在這旅途上，你無法「不到」你去的地方。

只不過是速度的問題——只不過是你**何時**抵達的問題——然而，即使這樣也是個幻象，因為並沒有「**何時**」，也沒有「之前」或「之後」，只有現在；一個永恆的片刻，你在其中經驗你自己。

那又有何意義？如果沒有辦法到不了那兒，人生又有什麼意義？我們又何必擔心我們做的任何事呢？

是啊，當然你**不該**擔心，但小心觀察是很好的。只是注意你正在做誰和做什麼，擁有什麼，看看它是否於你有利。

人生的重點並非到達任何地方——人生是注意到你已經在那裡，並且一向都在那裡。你一直並且永遠都在純粹創造的片刻。所以，人生的重點是創造——創造你是誰和是什麼，然後去經驗它。

6 受苦不是人類經驗裡必要的部分

那受苦又是什麼呢？受苦是否是通往神的道路？有些人說它是**唯一**的道路。

我並不喜歡見人受苦。不論什麼人說**我**是這樣的話，他就是不了解**我**。受苦是人類經驗裡不必要的一部分。它不僅不必要，它還是不明智、令人不舒服，並且對你的健康有害的。

那麼，爲什麼有這麼多人在受苦？如果**你**是**神**，**你**爲什麼不終**止**一切受苦，如果**你**這麼不喜歡它的話？

我已終止了，只不過你們拒絕用**我**所給予的工具去實現這點。

你明白嗎，受苦與事件毫不相干，卻與一個人對它的反應有關。

發生的事，只不過是發生的事；你對它感覺如何，則又是另一回事。

我給過你們一些工具，你們可用來對事件反應，以便減低——事實上，是**消除**——痛苦，但你們並沒去利用那些工具。

對不起。但爲何你不消除那些事件呢？

很好的建議。但不幸的是，**我**無法控制它們。

你對這些事件沒有控制力？

當然沒有。事件是你們選擇在某個時間與空間裡製造出來的事情——而**我**永遠不會干涉選擇。那樣做的話，就是除去了**我**創造你們的理由。關於這點，**我**在前面已解釋過所有這一切了。

有些事件你們是有意的製造出來的；有些事件是你將它們吸引來的——多少無意識的。而有些事件——你說的這一類事件包括了主要的天災——則被推給了「命運」。

然而，即使是「命運」，也可以是「發自所有各處的一切思維」的同義語。

換言之，即地球的意識。

集體意識。

完全正確。

有些人說世界正在加速的走上毀滅之途，我們的生態正在死亡，我們的星球正面臨一個重大的地球物理學上的災禍，地震、火山，甚至地球的軸可能會傾斜。而有些人則說集體意識可以改變所有這一切；說我們可以用我們的思維救地球。

造成**行動**的是思維。如果各地都有足夠的人相信必須做某些事來幫助環境，你們就救得了**地球**。但你們必須趕快努力，因為有這麼多的傷害已經造成，並且已經這麼久了，而這需要非常重大的心態變換。

你的意思是，如果我們沒有改變，我們就會見到地球——及其居民——被毀滅。

我已制定了很清楚的物質宇宙定律，以便每個人都能理解。**我**也已畫出了夠清楚的因果律（**laws of cause and effect**）梗概給你們的科學家們、物理學家們，再透過他們轉給你們的世界領袖。**我**並不需要在此再一次的敘述這些定律的要點。

那再回頭談談受苦——我們到底是從哪兒得到說受苦是好的，以及聖人是「默默的忍受著痛苦」的這個想法？

聖人**的確**是「默默的忍受痛苦」，但那並不意謂著受苦是好的。在「學習做主的學校」（school of Mastery）裡的學生們默默的受苦，是因為他們了解，受苦並非通往**神**的道路，而毋寧是一個明顯的徵狀：就是對於**神**的道路仍然有需要**學習**、需要憶起的事。

眞正的大師根本不會默默的受苦，而只不過顯出沒有抱怨的受苦的樣子。真正的**大師**不抱怨的理由是，真正的**大師**並沒受苦，而只是在經驗一套你會稱之為不可忍受的境遇。

一位身體力行的**大師**不講受苦，只因為他很清楚**語言**（the Word）的力量——因而選擇**根本不發一言**。

我們讓自己注意的事物成真，**大師**明白這點。所以對**她**選擇使之成真的事物，**大師**讓自己站在**選擇**的地位。

你們所有的人也都時常這樣做。一個頭痛的消失，或使得一次看牙醫較不痛苦，沒有一個不是經由你們自己的決定而達成的。

而**大師**只不過是對於更大的事情做了相同的決定。

但爲何要有受苦這件事呢？甚至，爲什麼要有受苦的可能性呢？

如**我**已經解釋給你們聽過的，如果沒有「你不是的東西」，你無法認識並且變成「你是的東西」。

我還是不了解，我們「受苦是**好的**」這個想法是哪來的？

你堅持質疑這個是很明智的。圍繞著「默默的受苦」的原始智慧已被如此的曲解，以至於現在許多人相信（並且好幾種宗教真的在**教導**）受苦是**好的**，而**喜悅是壞的**。所以，如果某人得了癌症，卻保守秘密，你們認為他是個聖人；然而，如果有人有（挑個爆炸性的話題）旺盛的性生活，並且公然的禮讚性，她就是個罪人。

哇塞！**你**眞的挑了個爆炸性話題。並且**你**也聰明的變換了代名詞的性別，從男性變爲女性。那是爲了說明要點嗎？

那是為了顯示給你們看你們的偏見。你們不喜歡把女人想作**有**旺盛的性生活，更別說公然的禮讚它了。

你們寧願看見一個男人不呻吟的死於沙場，而不願見到一個女人在街上呻吟著做愛。

難道你不會嗎？

我不會判斷或偏袒任何一方。但你們有種種的判斷——而**我**必須說的，是你們的判斷使你們得不到喜悅；是你們的期望使你們不快樂。

所有這些加起來，就引起你們的不適（dis-ease），因而肇始了你們痛苦的因由！

我怎麼知道你現在所說是眞實的呢？我又怎麼知道這是神在說話，而非我自己過度的想像力呢？

你以前曾問過這個問題。**我**的答覆還是相同的。但這中間又有何分別呢？縱使**我**說過的每件事都是「錯的」，你又能想到更好的生活之道嗎？

不能。

那麼，「錯的」是**對的**，而「對的」是錯的！

然而，**我**要告訴你一件事，以幫助你脫困：就是別相信我說的任何一句話。只要去**實行**它，**經驗**它。然後實行你想要構建的任何其他的範型（paradigm），之後再以你的**經驗**來找到你的真理。

有一天，如果你們有足夠的勇氣，你們將經驗到一個不同的世界，在其中，做愛**會**被認為比做戰好得多。而在那一天，你們將歡欣鼓舞！

7 看看靈性遊戲帶你到哪步田地

人生是如此可怕，並且如此令人迷惑。我希望事情可以更清晰些。

如果你不執著於結果，人生一點都不可怕。

你是指如果你不想要任何事物的話。

沒錯。**選擇**，但並不「想要」。

對於那些沒有任何人依靠他們的人，這說來容易。但如果你有太太和孩子呢？

做一家之長的人的道路一向都是很具挑戰性的。也許根本就是最具挑戰性的吧！正如你指出的，當你只處理你自己一個人時，是很容易「不需要任何事物」。而當你有其他所愛的人時，很自然的，你就只希望他們有最好的事物。

當你無法給他們你想要他們有的一切時，你會很難過。一座好房子、一些不錯的衣服、足夠的食物。我覺得好像光是使收支平衡，就讓我奮鬥了二十年。而我仍然沒有什麼足以傲人的表現。

你是指以物質的財富而言？

我的意思是，只就一個男人會希望傳給他的兒女的一些基本事物而言。我的意思是，只就一個男人會想供給他太太的某些非常簡單的事物而言。

我懂了。你認為提供所有這些事物是你人生的任務。那這是否就是你想像你的人生該是的樣子？

我不確定我是否這樣說了。但這並非我人生的主旨，而如果這可以是個附加價值的話，那顯然也很不賴。

哦，那麼讓我們回頭看看。你到底覺得你的人生所為何來？

這是個好問題。多年以來，我對這問題有過許多不同的答案。

你目前的答案是什麼？

我覺得對這個問題我彷彿有兩個答案：我**喜歡**看到的答案，和我**真正**看到的答案。

你**喜歡**看到的答案是什麼？

我喜歡看到我的人生是有關我靈魂的進化。我喜歡看到我的人生是有關表達和經驗我最愛的我的那個部分。我的那個部分，有同情心、有耐心、願付出，並且願助人的部分。

我的那個明智、寬容和……愛的部分。

聽起來像是你一直在讀這本書嘛！

是的，在玄秘的層面上，它是本很美的書，而我正試著想出如何「付諸實行」的辦法。**而關於我的另一個答案**，我看到我的人生眞正是什麼的問題，答案是：它是關於日常的生存問題。

哦，而你認為這一個排除了另一個？

嗯……

你認為玄秘部分排除了生存問題？

事實是，我希望做的是不只爲了生存的事。但是這些年來，我一直都是這樣存活著。

可是現在我希望，只爲了生存而**奮鬥**這件事能終止。我看得出來，只是日復一日的生存仍然是個奮鬥。我想做些不只是求存活的事。我想要**發財**。

你所謂的發財是什麼意思呢？

擁有足夠的錢，所以我不必擔心我下一塊錢從哪兒來；不必感受到壓力，只爲要付房租或付電話費。我的意思是，我恨我這麼俗氣，但我們在這兒談的是**眞實的生活**，而非你這整本書所描畫出的關於人生的空靈浪漫的畫面。

我是否聽到了一絲憤怒啊？

說憤怒不如說是挫折。我玩靈性遊戲已不只二十年，看看它帶我到了哪步田地！離救濟院只有一步之遙了！而如今我又失了業，眼看著馬上又沒進帳。我對這種掙扎眞是厭倦透了！我今年四十九歲了，我希望在人生中有點保障，以使我能貢獻更多時間在**「神」**這碼子事，在靈魂「進化」等等上。那是我心之所欲，但並非我的人生所允許我走的方向嗯，你剛才所說的一大堆話，你所談到的那種經驗，**我**想你已說出了很多人的心聲。

我會一句一句的回答你的心聲，這樣我們就可以很容易的追蹤和分解答案。

你並沒有「玩靈性的遊戲」玩了二十年，你只不過擦過它的邊緣罷了（順帶說一句，這並非「責備」，只是句真話而已）。**我**承認二十年來你曾**看著**它；與它**眉來眼去**；偶爾**實驗**一下……但直到最近，**我**都沒感覺到你對那遊戲有過什麼真正的——最真的——**承諾**。

讓我們講更清楚些，**「玩靈性的遊戲」意謂著奉獻你的全心、全身、全靈給創造「肖似神的自己」的過程。**

這是東方神秘主義者曾寫過的有關**自我**實現的過程，也是**西方**神學鑽研甚多的救贖過程。

這是日復一日、每個小時、每分每秒的超越意識（supreme conciousness）的作用。它是每個瞬間的選擇和再選擇，它是個繼續不斷的創造，**有意識的**創造，有**目**

的的創造。它是利用我們討論過的創造工具，並且以覺察和崇高的意向去用它們。

那才是「玩靈性的遊戲」。而現在，你這樣做了多久呀？

我好像甚至還沒開始呢！

別從一個極端跳到另一個極端，並且別待自己這麼苛刻。你是曾致力於這個過程，並且事實上，你比你歸功於自己的要努力得多。但你並沒有努力了二十年——還差得遠呢！然而事實上是，你曾努力多久並不重要。而是你目前還在努力嗎？那才是重點。

讓我們繼續談你前面的聲明。你叫**我**「看看它帶你到了哪步田地」，而你描寫自己「離救濟院只有一步之遙」。但**我**看著你，卻看到一個十分不同的事物。我看到一個離富貴之屋只一步之遙的人！你覺得你離湮滅只差一張薪水支票，而我看你則是離涅槃只差一張薪水支票。當然，這大半要看你將什麼當作是你的「報酬」，而你努力的目標是什麼而定。

如果你人生的目的是獲得你所謂的保障，那**我**明白，並且了解你為何會感覺你是「離救濟院只有一張薪水支票之遙」。然而，即使是這項評定，也還是有改正的空間！因為，隨著**我的**報酬，**所有**好的事物都會到你身上，包括在物質世界裡感覺安全的經驗。

我的報酬——當你為**我**「工作」時，你得到的收益——提供了比物質上的安適多得多的事物。你也可以得到**物質上**的安適。然而，諷刺的是，一旦你經驗到**我**的收益所提供的那種心靈上的安適，你將發現，你最不會擔心的就是物質上的安適。

甚至你家人的物質安適也不再會令你憂心，因為一旦你上升到**神**的意識層面，你將了解自己不必為任何別的人負責，而且，雖然希望每個靈魂都過著安適的生活是值得讚揚的，但**每個靈魂在每一瞬間都必須選擇——都在選擇**——其他本身的命運。

很明顯的，故意去凌辱或毀滅別人並非最高尚的舉動。很明顯的，忽視那些你招致來依賴你的人的需要，也同樣的不妥。

你的責任是令他們**獨立**；教他們盡可能快速且完全的知道**如何沒有你還能過日子**。因為，如果他們需要你才活得下去的話，你對他們而言就並非一項賜福。只有當他們醒悟到你是不必要的時候，你才真的是他們的一項賜福。

同樣的，當你醒悟到你**不需要神**時，也才是**神**最快樂的時刻。

我知道，知道……這和你一向被教導的一切正相反。然而你的老師卻告訴你有這麼一位憤怒的**神**、一位嫉妒的**神**、一位需要被需要的**神**。那根本不是**神**，卻是神明的一個神經質的替代品。

一位眞正的大師並非擁有最多學生的人，而是創造出最多大師的人。

一位眞正的領袖並非擁有最多追隨者的人，而是創造出最多領袖的人。

一位眞正的國王並非擁有最多臣民的人，而是引領最多人得到王權的人。

一位眞正的老師並非最有知識的人，而是令最多人擁有知識的人。

而一位眞正的神，並非擁有最多佣僕的那一位，卻是為最多人服務的。因而使得所有其他人都成為**神**的那一位。

因爲這是神的目標，也是**神**的榮耀：即，**他**不再有臣民，並且所有的人都認識到，神並非那不可及的，卻是那不可避免的。

我希望你能了解這點，就是：你快樂的命運是**不可避免的**。你無法**不**「得救」，除了不明白這點之外，並沒有別的地獄。

所以現在，做為雙親、配偶及被愛的人，不要將你的愛造成一種黏人的膠，毋寧成為一塊磁石。它首先吸引，然後轉而拒斥，以免被吸引的人開始相信他們必須黏著你才能存活。再沒有比這離真相更遠的了，再沒有比這對別人為害更甚的了。

讓你的愛**推**你所愛的人進入世界——並且進入完全體驗他們是誰的經驗裡。這樣做，你才算是真正愛過人。

「一家之長」的道路是個了不起的挑戰。有許多令你分心的事，許多世俗的憂慮。苦修者則完全不受這類干擾。人們會帶給他麵包和水，送給他簡陋的草蓆躺臥，他則可以奉獻他的每個小時給祈禱、冥想及沉思**神**。在這種情況下是多麼容易看見**神**！多麼簡單的任務！啊，但是一個有配偶和孩子的人呢？在一個半夜三點需要換尿布的嬰兒身上看見**神**，在月初必須付清的一張張帳單裡看見**神**，在令其配偶一命嗚呼的病、在失去的工作、在孩子的寒熱症、在做父母的痛苦裡認出了**神**之手。現在我們講到的已是聖人的行止了！

我了解你的疲倦，**我**明白你已掙扎的厭倦了。然而**我**告訴你這點：當你跟隨**我**，掙扎便不見了。住在你的**神**性空間裡，事件全都會變成祝福。

當我失了業、房租等著要付、孩子們需要看牙醫，我如何能到達我的**神**性空間呢？而處在我的高高的、哲學的空間裡，才彷彿是最無法解決任何問題的一種方法。

當你最需要**我**時，不要背棄**我**。現在正是你面臨最大考驗的時候，現在是你最大的機會，正是證明寫在這裡的每件事的機會。

當**我**說「別背棄**我**」，**我**聽起來像是我們談起過的那個欠缺的、神經質的**神**。但**我**並不是。你大可以如你所願的「背棄**我**」，**我**並不在乎，而那並不會改變我們之間的分毫關係。**我**這樣說是在答覆你的問題，往往在你遭遇困難時，你會忘了**你是誰**，以及**我**賦予你的、創造你想選擇的人生的**工具**。

你現在比任何其他時候更需要**去到**你的**神**性空間。首先，它會帶給你內心最大的平安，平安的心才會流出了不起的想法，可以解決你想像自己所有的最大問題的想法。

其次，在你的**神**性空間裡，你才能自我實現，而那是你靈魂的目的——**唯一**目的。

當你在你的**神**性空間裡時，你知道並且了解你現在經驗的事情全是暫時的。**我**告訴你，天堂和**地球**即將消逝，但**你**卻不會。這恆久的觀點有助你以正確的方式看事情。

你能界定這些目前的狀況和環境，如它們本來真是的樣子：暫時並且現世的。你隨時可以利用它們為工具，因為那就是它們本是的事物，暫時的、現世的工具，用以創造現在的經驗。

你究竟自以為你是誰？在與所謂失業這個經驗的關係上，你認為你是誰？並且，也許更重要的是，你認為**我是誰**？你是否想像這個難題於**我**而言是太大了，**我**沒法解決？要想脫困是否是太大的奇蹟，**我**無法處理？**我**了解你可能認為它是太大的困難，**你**無法處理，甚至以**我**曾給過你的所有工具而言——但難道你真的認為對**我**而言這問題也太大了嗎？

在理性上，我知道對**神**而言沒有一件工作會是太大的。但情感上，我想我無法確定，並非**你**是否能處理它，而是**你**肯**不**肯處理它。

我明白了。所以是信心的問題。

是的。

你不是質疑**我的**能力，你只不過懷疑**我的**意願。

你知道嗎，我仍活在某種神學裡，它說，在這兒的某處，也許有個我該學的教訓。我仍然不確定我是否該得到解答，也許我該有的就是一個問題吧！也許這是我的神學一直告訴我的「考驗」之一。所以我擔心這個問題也許**不會**被解決。擔心這是**你**要讓我跟它一同懸在這兒的那種問題之一……

也許現在正是再一次談談**我**與你如何互動的好時機，因為你認為這是**我**的意願的問題，而**我**卻告訴你它是**你的**問題。

我希望你擁有**你**想要擁有的事物，不多也不少。**我**並不是坐在這兒對每件要求一一的下判斷，看看是否該應允你某樣事物。

我的律法是因與果的律法，並非「我們將考慮看看」。**沒有**你不能有的事物，如果你選擇它的話，甚至在你請求之前，**我**就會將它給你。你相信嗎？

不相信。我很抱歉，我看過太多的祈禱沒被應允。

不必道歉。只要永遠守住真實——你經驗的真實。**我**了解，**我**也尊重你的看法。**我**不會在意的。

很好，因爲我**不**相信我要什麼就能得到什麼。我的人生並不是這句話的一個證明。事實上，我**鮮少**得到我要求的事物。而當我眞的得到時，我只會認爲自己是眞他媽的走運（damned lucky）。

你選擇的用字很有趣哦！看來彷佛你有一個選擇：在你人生中，你可以是他媽的走運，或你可以很有福氣（blessing lucky）的走運。**我**寧願你是有福氣——但，當然，**我**永遠不會干涉你的決定。

我告訴你：你**永遠**會得到你所創造的事物，並且你也**永遠在創造**。

我對你招致的創造並不下判斷，**我**只不過賦予你力量去招來更多——更多又更多又更多。如果你不喜歡你剛剛創造出來的事物，就**再選擇一次**。身為**神**，**我的**工作是**永遠給你機會**。

你說你總是沒得到你想要的事物。然而**我**在此告訴你，你**永遠**會得到你招來的事物。

你的人生永遠是你對它的想法的一個結果——包括你鮮少得到你所選擇的事物，這個顯然具創造性的想法。

現在，在這目前的例子裡，在你失業這件事裡，你視自己為那情況的受害者。然而，事實是，你不再選擇那件工作。你不再於早晨懷著希望起床，反而是開始懷著恐懼起床。你不再對你的工作感到快樂，而是開始感覺憎惡。你甚至開始幻想自己**在做別的工作**。

你認為這些事毫無意義嗎？你不了解自己的力量。**我**告訴你：**你的人生是由你對生命**的意圖而**開始進行的**。

所以，你現在的意圖是什麼？你是否意圖證明，人生鮮少帶給你你所選擇的事物這個學說？或者你是否意圖表現出**你眞的是誰**以及**我是誰**？

我覺得很懊惱，好像受了責罰，很窘。

你喜歡那樣子嗎？當你聽到真理時，為什麼不就簡單的承認它，向它移近呢？沒有必要反控你自己。只要留意你選擇過什麼，然後再選擇一次。

但我爲什麼老是準備好永遠選擇負面的，然後又打自己屁股？

你又能預期什麼呢？從你還小的時候，你便被教育你是「壞的」，你接受你是誕生於「罪」裡的，感覺愧疚是個**學到的反應**。在你還不能做任何事之前，你便被教以對你做的事感到愧疚，你被教以為了沒有生來完美而感到羞愧。

你在所謂不完美的狀態裡來到世上，那就是你們的宗教膽敢稱為原罪的東西。而它**的確是**原罪，但卻非你的原罪。它是由一個完全不認識**神**的世界永遠加在你身上的第一個罪，那個世界認為**神**會——或可能會——創造**任何**不完美的東西。

你們有些宗教曾圍繞著這個誤解建立起整個神學。而那**眞的**就是它的本來面目：**一個誤解。因爲，我構思的任何事物——所有我賦予生命的一切——都是完美的；是完美本身的完美反映，以肖似我的形象造出來的。**

然而，為了要合理化一位會處罰的**神**的概念，你們的宗教需要創造一些令我憤怒的事。所以，甚至那些過著可為**模範**生活的人，不知怎的也需要被救贖。如果他們不需要被救離他們自己，那麼他們就需要被救離自己**與生俱來的不完美**。所以你最好對這些（這些宗教說）採取一些行動，並且要快！不然你便將直接下地獄。

在末了，這也許無法撫平一位奇怪的、報復心重的、憤怒的**神**，但它倒真的賦予了奇怪的、報復心重的、憤怒的**宗教**其生命。如此宗教便永續永存。如此權力便保持在少數人的手裡，而非經由眾人的手被體驗。

當然對你自己和你的力量，你經常選擇較差的思維、較小的想法和最渺小的觀念，更別提對**我**和**我的**力量了。你是這樣被教導的。

我的天哪，我如何才能除去這些教誨呢？

問得好！並且正問對了人！

你可以藉由一而再的讀這本書來除去那教誨。一遍又一遍的讀，直到你了解每句話，直到你熟悉每個字。當你能向別人引用書中的字句，在最黑暗的時刻，你能想起其中的句子，那你就是「除去了這些教誨」。

然而我還有那麼多的問題想問你，還有那麼多我想知道的。

的確沒錯。你之前已提出了一串非常長的問題。我們要不要再回到那些問題上去？

8 在關係裡沒有義務，只有機會

在關係上我什麼時候才會學夠，而能順利進行？到底有沒有一種方法可以讓我在關係中保持快樂？關係裡必得是經常不斷的挑戰嗎？

在關係上，你沒有什麼可學的，你只需展現你已經知道的。

不過的確有一個方法能讓人在關係中得到快樂，那就是以關係本該有的目的去運作，而非你設計好的目的。

關係經常是具挑戰性的；經常召喚你去創造、表現，並且經驗你自己的更高又更高的面向，你自己的更宏偉又更宏偉的視野，你自己的越來越崇高的版本。沒有什麼比在關係裡你更能即刻的、具衝擊力的，並且純淨的做到這些。事實上，沒有關係，**你根本完全無法做到**。

唯有透過你與其他人、地及事件的關係，你才能存在宇宙裡（做為一個可知的「量」，做為一個可被認明的**物體**）！記住，每樣事物都**不**在時，你也**不**在。只有在相對於非你的事物時，你才是你是的事物，這就是相對世界的準則，與絕對世界——**我**所居之處——相反。

一旦你清楚的了解了這點，一旦你深切的理解了，那時你便會直覺的祝福每一個經驗、所有人類的接觸，尤其是個人性的人際關係，因為以最高的說法而言，你視關係為建設性的。你明白關係可以、必須、正在被用（不論你是否想要關係如此）來構築你**眞正是誰**。

那個構築可以是你自己有意設計的一個宏偉創作，或完全是個偶發的形狀。你可以選擇任由發生的事來形塑自己，你也可以主動對所發生的事選擇自己要如何被形塑。**自體**（**self**）**的創造**在後者的形式才變得有意識起來。自體在後者的經驗裡才得以實踐。

所以，要祝福每個關係，將每個關係都視為特殊，並且都形塑了**你是誰**，以及現在選擇做誰。

不過我想你要問的是浪漫的兩性關係，**我**了解這點，所以讓**我**明確，並且詳細的來談人類的情愛關係——那些不斷給你許多麻煩的事！

當人類的愛情關係失敗（這完全是就人類的說法而言，實際上關係永遠不會真正失敗，只不過沒產生你所想要的結果），那是因為人們為了錯誤的理由進入關係。

當然，「錯誤」是個相對的說法，意指以「正確的」——不論那是什麼——當作衡量的標準！以人類的語言來說，比較精確的說法是：「關係的失敗——改變——最常發生在當人們為了不全然有益或有助於關係的理由而進入關係的時候」。

大多數人進入關係時，著眼在他們能從中得到什麼，而非他們能給予什麼。

關係的目的是，決定你喜歡看到自己的哪個部分「顯出來」，而非你可以捕獲且保留別人的哪個部分。

就關係，甚至就整個人生而言，只能有一個目的：去做，而且去決定**你真正是誰**。

你說，你本來「一無是處」，直到有位特殊的人出現，這雖然很浪漫，但卻不是事實。更糟的是，這是將不可置信的壓力加在別人身上，要他做各種他本不是的一切。

為了不想「令你失望」，他非常努力的想做些什麼，直到再也做不下去了。他不再能完成你對他的期待，他不再能扮演好你派給他的角色，於是憎恨逐日累積，憤怒也隨之而至。

最後，他為了要救自己（以及那關係），這個「特殊的人」開始重新做回他真正的自己，較為按照**他真正是誰**去行動。差不多就在這時，你說他「真的變了」。

現在你說你的這位「特殊的人」已進入了你的人生，你覺得完整了，這非常浪漫。**然而，關係的目的並不是有一個能令你完整的人；而是有一個你可以與他分享你的完整的人**。

這就是所有人際關係的矛盾所在：你並不需要一個特定的人，來使你完全體驗**你是誰**，但是……沒有另一個人，你卻什麼也不是。

這既是人類的經驗會如此神秘與神奇，又充滿挫折感和喜悅的地方。要想以一種有意義的方法待在這樣的矛盾裡，需要很深的了解和完全的甘願。據**我**觀察很少人能做得到。

你們大半的人都是帶著滿懷期待、充滿性能量、一顆大為開放的心，以及一個喜悅、熱忱的靈魂進入你們「關係形成」的歲月。

在大約四十歲到六十歲之間（大部分的人則更早，而非更晚），你放棄了你最大的夢想，擱置了你最高的希望，而安於你最低的期望上——或根本一無所有。

這問題是如此基本，如此簡單，然而又如此悲慘的被誤解：你最大的夢想、你最高的想法和你最喜愛的希望，都是與你摯愛的**別人**而非你摯愛的**自己**有關。你關係的試金石在於，別人多能附和**你的**想法，以及你覺得自己多能附和他人的想法。然而，唯一真正的試金石卻是與你能多附和**自己的**想法有關。

由於關係提供了人生最大的機會——的確，其唯一的機會——去創造和製造你對**自己**的最高觀點的**經驗**，所以關係是**神聖的**。因此當你將關係看作是去創造和製造你對**他人**的最高觀點的經驗時，關係便會失敗。

讓在關係裡的每個人都只擔心他**自己**——**自己**在做誰、做什麼和有什麼；**自己**在要什麼、要求什麼、給予什麼；**自己**在尋求、創造和經驗什麼，那麼，所有的關係都會綽綽有餘的滿足其目的，以及關係裡的參與者！

讓在關係裡的人別去擔心別人，卻只、只、只擔心自己。

這似乎是個奇怪的說法，因為有人曾告訴你，在最高層次的關係裡，一個人**只**擔心別人。然而我要告訴你的是：你集中焦點在別人身上——你對別人的**執迷**——才是造成關係失敗的原因。

別人是誰？別人在做什麼？別人有什麼？別人在說什麼？想要什麼？要求什麼？別人在想什麼？期待什麼？計畫什麼？

大師了解，別人是誰，在做什麼、有什麼、說什麼、需要什麼、要求什麼，**根本與你無關**。別人在想、期待、計畫什麼**根本與你無關**。唯一有關的是，在你與他人的**關係**裡，**你**是誰。

最有愛心的人就是「自我中心」的人。

這是個激進的觀念……

如果你仔細觀察，便知並非如此。如果你無法愛你**自己**，你便無法愛別人。許多人犯了一個錯誤，他們經由愛別人來尋求對**自己**的愛。當然，他們並沒有覺悟到自己正這樣做，這並非一個有意識的努力。這是在心裡進行的，心的深處，在你們所謂的潛意識裡，他們想：「如果我能愛別人，他們也會愛我。那麼我將是可愛的，而**我**能愛我自己。」

這個概念的反面就是，許多人恨他們自己，因為他們覺得沒有人愛他們。這是一種病——這是人們真的害了「相思病」（love sick），因為真相是，別人的確愛他們，但那根本與你無關。不管多少人公然宣稱對他們的愛，都還不夠。

首先，他們不相信你。他們認為你試圖操縱他們——試圖得到什麼東西。（你怎麼可能愛他們真正的樣子？不成，一定有些錯誤。你一定想要什麼東西！那麼，你到底要什麼？）

他們鎮日無所事事，只試著理解怎麼有人可能真的愛他們。因為他們不相信你，於是開始從事一些活動，好讓你去**證明**。你必須證明你愛他們，而要做到這點，他們可能要你開始改變行為。

其次，如果他們終於得到一個結論：**能**夠相信你愛他們了，他們又會開始擔心能保有你的愛多久？所以，為了要抓住你的愛，他們開始改變他們的行為。

如此，兩個人都在關係中喪失了自己。他們進入這關係，希望找到自己，卻反而喪失了自己。

這種配對所導致的怨懟，多半是在關係中喪失了自己的緣故。

兩個人在一種合夥關係中結合，希望全體比部分之總合要來得大，卻發現反而更差。他們覺得比當他們是單身時還要差，能力更差，更不能幹，更不興奮，更沒吸引力，更少喜悅，更少滿足。

因為他們放棄了自己大半的本來面目，以便生存——並且停留——在他們的關係中，導致自己真的變得較差了。

關係從來不該是這個樣子的。然而，卻有超乎想像的多的人，都是如此在體驗關係的。

爲什麼？**爲什麼**呢？

那是因為人們已喪失了（如果他們真的曾有過）與關係中的**自己**連繫。

當你再也看不到彼此爲神聖旅程上的神聖靈魂時，你就無法看見在所有關係背後的理由和目的。

為了進化的目的，靈魂才進入身體，而身體進入生命。你正在**進化**，你正在變。而你正在用你與**每樣東西**的關係，來決定你在變為**什麼**。

這是你到這兒來做的事；這是創造**自己**、認識自己的喜悅；有意識的變為你希望成為什麼的喜悅；這就是有「自我意識」。

你將**自己**帶到了相對性世界，以便可以擁有認識且體驗「**你眞的是誰**」的工具。「**你是誰**」就在與所有其他一切的關係中，你創造自己成為什麼。

在這過程中，最重要的因素就是你的個人關係。因此你的個人關係是個神聖的領域，與他人實際上毫無關係，然而，由於你的個人關係涉及了別人，所以也與他人**甚有**關係。

這就是神聖的二元性，這就是封閉的圓。所以，若說「**自我**中心的人有福了，因為他們將認識**神**」，這並不是很激進的觀念。在你的人生中，去認識**自己**的最高部分，並且**停留在那中心**，可能並不是個壞的目標！

所以，你的第一個關係必然是與**自己**的關係。你必須先學會尊重、珍惜，並且愛你自己。

在你能視別人爲有價值的人之前，你首先必須視自己爲有價值的。在你能視別人爲有福的之前，你首先必須視自己爲有福的。在你能承認別人的神聖性之前，你首先必須認識自己爲神聖的。

如果你將車放在馬的前方——如大半的宗教叫你做的——並且在承認你自己是神聖的之前，先承認別人是神聖的，有一天你會心懷憎恨。如果有什麼事是你們沒辦法忍受的，那就是有人**比你還神聖**。然而，宗教卻強迫你們稱別人比你們神聖。因此你們會照做一陣子，然後將他們釘在十字架上。

你們曾（以一種或另一種方式）釘死了所有我派給你們的老師，不只是**一位**而已。你們這麼做，並非因為他們比你神聖，而是因為你們**把他們看成是那樣**。

這些老師們全都帶來同樣的訊息：並非「我比你神聖」，而是「你與我一樣神聖」。

這是你們尚未能聽見的訊息，這是你們尚未能接受的真理，而那就是你們為何永遠無法真正的、單純的愛上別人的原因。因為你從未真正的、單純的愛上你**自**己。

因此**我**告訴你：現在並且永遠以你**自己**為中心。在任何一刻好好看看**你**是什麼、做什麼、有什麼，而非別人怎麼樣。

你的救贖並不能在別人的行爲（action）中找到，只能在你的反應（reaction）中找到。

雖然我心中明白，但不知怎的，這聽起來就像我們不該在意關係中別人對我們做了什麼。他們可以爲所欲爲，只要我們保持平衡，保持住自己如如不動，以及所有那些美德，便沒有東西能影響我們。但其他人**的確**影響了我們，他們的行爲**的確**傷害了我們，而當傷害進入了關係時，我卻不知如何是好。如果我能對自己說：「站開一些；讓傷害沒有意義。」好像不錯，但知易行難啊！在關係裡，我**的確**曾被別人的言語和行爲傷害過。

會有那麼一天，你不再受傷。在那一天，你會了悟——並且實現——關係的真正意義，關係的真正理由。

你已忘記這點，所以你以那種方式反應。但這樣也沒關係，那是成長過程的一部分，那是進化的一部分。在關係裡，你從事的是**靈魂的工作**，然而那是一個主要的了解，一個主要的憶起。你仍然必須在你的那個層面努力——了解的層面、願意的層面、憶起的層面，直到你憶起這點，並且也憶起了如何**利用**關係為創造**自己**的一項工具。

因此，當你對別人的所思、所言或所行感到痛苦或傷痛時，可以先對自己和別人誠實的承認你到底感覺如何。很多人怕這樣做，認為那會令自己「不好意思」，而你內心深處的某個地方了解，「那樣感覺」很可能**是**可笑的，很可能**是**太小氣了。不是的，你「比那大氣多了」；但你卻**沒辦法**。你仍然那樣感覺。

只有一件事你可以做，你必須尊重自己的感受。因為尊重你的感受，意謂著尊重你**自己**，而且你必須愛你的鄰人如愛自己一樣。如果你無法尊重**自己**內心的感受，你又如何能期待去了解和尊重別人的感受呢？

在與別人的互動過程裡，第一個問題是：現在「**我是誰**」，還有「**我想要做誰**」？

你往往不記得「**你是誰**」，並且不知道「**你想做誰**」，直到**嘗試了**好幾種方式，這就是為什麼尊重你最真實的感受是如此重要。

如果你的第一個感覺是負面的，有那感覺往往就足以讓你遠離它了。因為當你**有**那憤怒、**有**那不悅、**有**那厭惡、**有**那怒氣、**爽快承認**想「傷害回去」的感覺時，才能捨掉這些第一次的感覺為「**非你想要做的人**」。

大師則是都已經歷過這類經驗，而能事先預知她最終的選擇是什麼的人。她並不需要「試試」任何事。她以前穿過這些衣服，知道它們**並不合身**；它們不是

「她」。而既然一位大師的一生都致力於不斷的實現她所知的**自己**，她就再也不會懷抱這種不合適的感覺。

那就是為什麼**大師**面臨其他人可能會稱為災難的事情時，能面不改色的原因。**大師**祝福災難，因為**大師**明白，**自己**的成長來自災禍（及所有經驗）的種子。而**大師**的第二個人生目的永遠是**成長**。因為一旦一個人已經完全的**自我**實現了，便再也沒別的事可做，除了**更多的自我實現之外**。

在這個階段，一個人由靈魂的工作轉移到**神**的工作（God work），因為這正是我在做的事！

為了這個討論的目的，**我**會假定，你仍然在努力於靈魂的工作，你仍在尋求實現——使成「真實」——**你真正是誰**。生命（**我**）會給你豐富的機會去創造（記住，人生並非一個發現的過程，人生是個創造的過程）。

你可以一而再的創造**你是誰**。的確，你每一天都在做。不過，照事情的現狀來看，你並不總是發現同樣的答案。在雷同的外在經驗之下，第一天你的反應可能是選擇要有耐心、有愛心和仁慈。第二天你可能選擇要憤怒、脾氣壞而悲傷。

大師則是**永遠得出同樣答案的那個人**——而那答案永遠是**最高的選擇**。

在這點上，**大師**是隨時隨地可預測的；相反的，學生則是完全的不可預測。一個人在成為大師的道路上，只需藉由他對任何情況的反應是否總如預期般做出最高的選擇，便可知他做得怎麼樣了。

當然，這開啓了一個問題：**什麼選擇才是最高的選擇**？

這是有史以來，一直環繞著人類哲學和神學的一個問題。如果這個問題真的令你關注，**你已經在做大師的路上了**。因為事實上，大多數人仍然繼續完全關注於另一個問題上。不是什麼才是最高的選擇，而是什麼才是最有利的選擇？或我如何能損失得最少？

當你由減低損失或最大利益的觀點來過生活時，人生**眞正**的利益就喪失了，機會就失去了。因為這樣的人生是在恐懼中度過的，而那種人生是個謊言。

因為你並非恐懼，你是愛，並不需要保護的愛，無法失去的愛。然而，如果你繼續回答第二個問題而非第一個問題的話，你就永遠不會在你的**經驗**裡明白這點。因為只有一個**患得患失**的人，才會問第二個問題。而只有一個以不同方式看人生的人，會看他**自己**為一個較高的存在；他了解贏或輸並非那試金石，只有去愛或沒能去愛才是，只有這樣的人才問第一個問題。

問第二個問題的人說：「我是我的身體。」問第一個問題的人說：「我是我的靈魂。」

現在，讓所有有耳能聽的人注意聽吧！因爲，我要告訴你們：在所有的人際關係裡，在重要關頭時，只有一個問題：

「現在愛會做什麼？」

沒有其他中肯的問題，沒有其他有意義的問題，沒有其他問題於你的靈魂有任何重要性。

現在我們來到了一個非常微妙的詮釋點，因為「由愛出發的行為」這個原則一直廣為人所誤解，也就是這個誤解，導致了人生的憎恨和憤怒，而那又轉而招致許多人偏離了正道。

多少世紀以來，你們都被教以由愛出發的行為，是出自會帶給別人最高善的不論哪種做人、做事和擁有的選擇。

然而，**我**卻要告訴你：最高的選擇即是帶**給你**最高善的選擇。

就像所有深奧的靈性真理一樣，這個聲明令它面對了即刻的錯誤詮譯。一旦一個人決定了他能為自己做的最高「善」**是**什麼的時候，這奧秘就澄清了一些。而當絕對的最高選擇被執行時，奧秘就化解了，循環也完成了，而對於你的最高善，變成了對於別人而言的最高善。

你們也許要花幾輩子，甚至更多輩子去實行，才能理解這點，因為這項真理繞著一個更大的真理：你為**自己**做了什麼，你便是為別人做了什麼；你為別人做了什麼，你就是為**自己**做了什麼。

這是因為，你和別人是一體的。

而這是因為……

除了你之外，並沒有別人。

所有曾活在你們星球上的大師們都教過這點（「**我**實在告訴你們，凡你們對**我**這些最小兄弟的一個所做的，就是對**我**做的」）。然而對大多數人而言，這仍然還只是個玄秘的真理，而**很少實際的去應用**。但事實上，這是自古以來最實際可行的「玄秘的」真理。

在關係中，記住這個真理是重要的，不然關係會非常困難。

現在讓我們暫且由這純粹靈性、玄秘的面向站開，回到實際的應用上。

在舊的理解之下，人們——善意的，並且許多是非常有宗教情操的——往往在他們的關係中，為對方做了他們認為會是最好的事，但令人悲傷的是，在許多例子裡（在**大多數**的例子裡），造成的卻只是被對方持續的虐待，關係持續的運作不良。

最後，那些試著對對方「做該做的事」——很快的原諒人，表示同情，繼續的忽略某些問題和行為——的人，會變得滿懷怨恨、憤怒和不信任，甚至對**神**也如此。因為，一位公正的**神**怎麼可能要求這種無窮盡的受苦、沒有歡喜，只有犧牲？即使以愛之名？

但事實上，**神**並沒有。**神**只叫你將**自己**包括在你的愛裡面。

神甚至還更進一步**建議**你，將自己放在第一位。

可**我**也完全明白你們有的人將稱此為褻瀆，因此會說這並不是**我**的話；有的人甚至會做出更糟的事：就是接受這是**我的**話，但卻誤解或曲解它，以便適合你們自己的目的，去合理化那些不敬**神**（ungodly）的行為。

我告訴你——將你自己放在第一位，在最高的說法上，**絕不會**導致成不敬**神**

的行為。

所以，如果你在做對你最好的事，結果發現做的卻是不敬**神**的行為的話，你的迷惑不應該是你是否將自己放在第一位，反而應該是你是否誤解了什麼對你才是最好的。

當然，決定什麼對你才是最好的，你需要先決定你試圖做的是什麼。這是許多人忽視的一個重要步驟。你「想做」什麼？你在人生中的目的是什麼？若沒有回答這些問題，在任何既定的情況裡，什麼才是「最好」的問題，將一直是個不可解之謎。

實際的說——再次的，別管玄秘的一面——在你被虐待的情形裡，如果你注意什麼對你是最好的，至少你會制止那虐待，而那於你**以及**你的施虐者都是好的。**因爲當他的虐待被允許繼續時，甚至一個施虐者也受虐**了。

這對施虐者並無治癒作用，反而有損害。因為，如果施虐者發現他的暴行是可被接受的，他學到了什麼？然而如果施虐者發現別人不再接受他的暴行，他又被容許發現了什麼？

所以，以愛待人並不必然表示允許他人隨心所欲。

做父母的很快就從孩子身上學到了這些。成人們卻沒有這麼快學到該如此對待其他的成人，國對國也一樣。

然而，除了不可容許暴君猖狂，還必須制止其暴政。為了對**自己**的愛，以及**對暴君的愛**，你都該如此做。

這是對你的問題：「如果愛是所有存在的一切，人如何還能合理化戰爭？」的答覆。

有時候，人必須上戰場以做出關於人真正是誰的聲明：痛恨戰爭的人最偉大的聲明。

有時候，你可能必須**放棄你是誰**以便**做**你是誰。

相信曾有些**大師**們教過你：直到你願意完全放棄一切，你才能**擁有**一切。

故此，為了要「擁有」你自己是一個和平的人，有時你可能必須要放棄自己絕不上戰場的觀念。歷史就曾要求人做出過這種決定。

在最個別和最個人的關係裡也是一樣的。生命可能不只一次要你藉由演出**你本不是**的一面，來證明「**你是誰**」。

這對活了相當歲數的人應該不難理解，雖然對理想主義的青年人來說，可能根本就是矛盾。在較成熟的反思裡，它則更像是神聖的二分法（divine dichotomy）。

這並不意謂著，在人際關係裡，如果你受到傷害，就必須「傷害回去」（在國與國之間的關係，也不是那個意思）。這只不過意謂著，**容許**別人繼續傷害，也許並不是最具愛心的做法——不論是為你自己或為別人。

這該平息了某些和平分子的理論，說最高的愛是要求你對認為惡的事物不要有強力的反應。

現在，討論又再次轉到玄秘上去了，因為對這個聲明的嚴肅探討，無法忽視「惡」這個字眼，以及它所引致的價值判斷。事實上，沒有邪惡的事物，只有客觀的現象和經驗。然而你在人生中的目的本身，就要求你由越來越多的、無止盡的現象裡，選擇稀少的你稱之為惡的事物。因為除非你做此選擇，否則你無法稱自己或任何其他事物為善的——故此也無法認識或創造你自己。

藉著你稱為惡的事物，以及你稱為善的事物，你定義自己。

所以最大的惡乃是，聲稱根本沒有任何事物是惡的。

此生你存在於相對的世界裡，在那一件東西只能倚仗它與別的事物的關係而存在。這是一種同時是作用和目的關係：提供一個你在其中可找到自己、定義自己，並且繼續不斷的重新創造**你是誰**的經驗領域。

選擇如神一般並不意謂著你要選擇做殉道者，也顯然不意謂著你必須選擇做受害者。

在你成為大師的路途上——當所有傷心、損害和損失的可能性都被消除了之後——能承認心傷、損害和損失為你經驗的一部分，並且決定，與之相關之下的**你是誰**，是很不錯的事。

是的，別人的所思、所言或所行，有時候**是會**傷害你，而要讓它們不再傷害你的最快捷辦法就是完全的誠實——要願意去肯定、承認，並且宣告你對一件事精確的感受，仁慈卻完全而完整的說出你心中的真實；溫和卻全然且前後一致的照你的真實過活。當你的經驗帶給你新的清明時，就會輕鬆而快速的改變你的真實。

當你在關係裡受傷時，沒有一個正常的人，尤其是**神**，會告訴你「離開它，因為它毫無意義」。如果你**現在在傷心**，這沒有意義，因為為時已晚。你當前的任務應該是決定它的意義**何在**——並且展示那意義。因為在這麼做時，你就在選擇並且變成了**你尋求要做的那個人**。

所以，我**不必**是長期受苦的妻子，或被邈視的丈夫，或關係中的受害者，好讓自己看來神聖，或使我在**神**的眼中是可愛的囉？

天哪！當然不必！

並且我也**不必**再忍受別人對我尊嚴的打擊、對我自尊的攻擊、對我心靈的損傷，或對我心的傷害，以致我可以說，在**神**和人的眼中，我在關係裡已「盡了我的心」「盡了我的責任」或「盡了我的義務」。

一分鐘都不必。

那麼，**神**啊，請告訴我——在關係裡，我該給予什麼允諾？我該遵守什麼協定？關係帶有什麼義務？我該追尋什麼指導原則？

答案是你聽不見的答案——因為它不給你任何的指導方針，並且在你答應每一個協定時，便令協定失效了。答案是：你**沒有**義務。在關係裡或所有的人生裡，都沒有義務。

沒有義務？

沒有義務。沒有任何限制或局限，也沒有任何指導原則或規則。你也不受制於任何環境或情況，不被任何法規或律法所限制。你既不為任何觸犯受罰，也沒有犯法的**能力**——因為在**神**的眼中，沒有什麼「觸犯」他的事。

我以前聽過這種話——這類「沒有規定」的宗教，那是靈性的無政府主義。但我看不出這怎麼能行得通。

這沒有辦法**行不通**——如果你是在從事創造**自己**的工作的話。但如果在另一方面來說，你想像自己是努力在嘗試做**別人**要你做的那個人，欠缺規定或指導原則可能真的會使事情很難辦。

然而，思維的頭腦非常想問：如果**神**想要我們成為什麼樣的人，**她**為什麼不乾脆**一開始就把我造**成那樣？為什麼我得「克服」我是誰，以便變成**神**要我成為的樣子？刺探的頭腦要求知道這點——並且理當如此，因為這是個正當的詢問。

宗教信徒想要你相信，**我**創造的你不如**我之爲誰**，因而你可以有機會**變成我**，只要你努力反抗所有不利因素——並且，**我**可以補充一句，**反抗我假定給予你的每一個自然的傾向**。

而這些所謂的自然傾向，包括了犯罪的傾向。你被教以你**生**於罪裡，你將**死**於罪裡，而犯罪是你的**天性**。

你們的宗教甚至告訴你，你對這點**無計可施**，你的行動是不相干和無意義的。想像你能藉由**你的**某些行動「升天堂」，是高傲的想法。到天堂（救贖）之路只有一條，而那是與你自己的作為無干的，卻是經由**神**接受**他**的兒子做為中間人而賜予你的神恩來達到的。

一旦你這樣做了，你便「得救了」。而直到你這樣做之前，你做的任何事——你過的生活、你做的選擇、你為了改進自己或令自己有價值而自願去做的任何努力——都沒有任何效果，都產生不了任何影響。你**無從**讓自己有價值，因為你是與生俱來的沒有價值。你被造出來就是那副德行。

為什麼？只有**天**知道。或許**他**出了差錯，或許**他**沒弄好，也許**他**希望能全部重新來過。但事情就是這樣了，怎麼辦呢？

你在嘲弄我。

非也，是**你**在嘲弄**我**。是你在說，**我**，**神**，造出天生不完美的生靈，然後要求他們完美，否則就得面對永罰。

是你在說，在進入了世俗經驗幾千年之後，**我**在某時某地後悔了，說從此以後，你不必然一定要做好人，你只需要在你不好時覺得難過，然後接受**永遠**完美的**那一位**為你的救主就行了，如此便滿足了**我**對完美的飢渴。是你在說是**我的**兒子——**完美的那一位**——救你脫離了自己的不完美——**我賦予了你的不完美**。

換言之，就是**神的兒子**救你脫離**他父親之所爲**。

這是你——你們許多人——說是**我**設計出來的樣子。

那麼，到底是**誰在嘲弄誰**？

這似乎已是第二次在這本書裡，你對基本教義派的基督教發動正面攻擊。我很驚訝！

是你選擇了「攻擊」這個字眼。而**我**只不過是在談論那個議題。附帶說一句，那議題也並非你所謂的「基本教義派的基督教」。而是**神**的整個天性，以及**神**與人的關係。

這個問題在這裡出現，是因為我們正在討論義務的事——在關係以及在人生裡的義務。

你無法相信一個沒有義務的關係，因為你無法接受你真的是誰或是什麼。你稱一個完全自由的人生為「靈性的無政府主義者」，而**我**稱它是**神**的偉大允諾。

只有在這允諾的範疇內，**神**的偉大計畫才可能完成。

你在關係裡沒有義務。只有機會。

機會，而非義務，才是宗教的基石，才是所有靈性的基礎。只要你是從另一方面來看它，你便錯過了重點。

關係——你和所有事物的關係——被創造成你在靈魂的工作裡的完美工具。那就是為什麼所有人際關係都是神聖的領域的原因。也就是為什麼每個個人的關係都是神聖的原因。

在這點上，許多教會都是正確的，婚姻**是**一件聖事。但並非由於其神聖的義務，反而是由於其無可比擬的機會。

在關係裡，絕不要出於一種義務感而做任何事。不論你做的任何事，都要出於是你的關係所提供給你的了不起的機會去決定，並且做**「你眞正是誰」**。

我聽得懂——然而，在我的關係裡，當事情遇到困難時，我總是一而再的放棄。結果是我有過好幾段的關係，但就像個小孩似的，我認爲我應該只能有一段關係。我似乎不知道該如何保持一段關係，你認爲我有學會的一天嗎？我要做什麼才學得會呢？

你說得好像保持一段關係就意謂著成功似的，試著別把長久與工作做得很好相混淆了。記住，你在地球上的工作，並不是看你能待在一個關係裡多久，而是去決定並且經驗**「你眞正是誰」**。

這並非為短期關係的辯護——然而也並沒有關係必須要長期的要求。

不過，雖然並沒有這種要求，但也必須說明：長期的關係的確對**相互的**成長、**相互的**表達，及**相互的**成就提供了很好的機會——而那，自有其自己的報償。

我知道，我知道！我是說，我一直覺得應該是那個樣子。所以，我如何能做到？

首先，要確定你是為了正確的理由而進入一個關係（這裡，我用的「正確」這個字眼是一個相對性的字。我是指相對於你在人生中持有的更大目的而言，是「正確」的）。

如先前指明過的，大多數人仍然因著「錯誤」的理由進入關係——為了終止寂寞、填滿空虛、帶給他們自己愛，或有個人可去愛——而那些還是一些**較好的**理由。有的人那樣做則是為了救他們的自我、終止他們的憂鬱、增進他們的性生活、由前一個關係恢復，或，信不信由你，為了減輕無聊感。

這些理由全都靠不住。除非在半路上有一些戲劇性的改變，否則這關係也不會靠得住。

我並沒有因任何這些理由而進入我的關係。

我懷疑這句話，**我**不認為你知道自己為何進入你的關係，**我**不認為你以這種方式思考過你的關係。雖然**我**不認為你是有目的的進入你的關係，但**我**認為你是由於「落入情網」而進入你的關係。

一點都沒錯。

但**我**不認為你曾停下來看看你為何「落入情網」。你是在對什麼起反應？什麼需要被滿足了？

對大多數人而言，愛是對需要滿足（**need fulfillment**）的一個反應。每個人都有需要。你需要這個，另一個需要那個。你們倆都在彼此內在看到了一個**需要滿足**的機會。所以你們同意——無言的——一個交易。如果你給**我**你有的事物，**我**便給你**我**有的事物。

它是個交換。但你們不說出真相。你們不說：「我和你交換很多。」你說：「我愛你很多。」然後失望便開始了。

你以前曾講過這一點。

是的，而你以前也曾**做過**這個——不只一次，卻是很多次。

有時候這本書似乎是在兜著圈子，一再的講同樣的東西。

有點像人生那樣。

答對了。

這裡的過程是，你問問題，而**我**來回答。如果你以三種不同的方式問同樣的問題，**我**就有義務繼續回答。

也許我一直希望**你**會想到不同的答覆。當我問**你**關於關係的事時，**你**將很多的情愛從關係中剔除了。如果一頭栽進情網裡，而不必去思考，有什麼不對嗎？

沒有什麼不對。你可以和你想要的任何人落入情網。**但如果你想和她們形成一個長期的關係，你也許就該多想想。**

從另一方面來說，如果你喜歡走進關係像涉過水一樣——或，更糟一些，如果因為認為自己「必須」而停留在一段關係裡，然後過著一種「沉默絕望」的生活——如果你喜歡重複你過去的這些模式，那麼就繼續做你一向在做的事吧！

好了，好了，我懂了。**你**很沒憐憫心耶，是不是？

那就是「真相」所具有的問題，**眞相**是無情的。真相不會不管你，它會一直潛行到你那，顯示給你看真實的情形，那可是很煩人的。

好吧。如上所述，我想要找到建立長期關係的工具——而**你**說有目的的進入關係是其中之一。

是的，要確定你和你的伴侶有同樣的目的。

如果你倆在一個有意識的層面都同意，你們關係的目的是創造機會，而非義務——成長、完全的**自我**表達：將你們的人生提升到最高的潛力，治癒你所曾有的對自己的每個錯謬的想法或卑劣的念頭，並且透過你們兩個靈魂的心靈交流而達到與**神**最後融合的機會——如果你們採用這個**誓言，以取代你們曾用的誓言**——你們的關係就會有一個非常好的起音，它的起步很正確，那會是個非常好的開始。

但是，仍然沒有成功的保證。

如果你在人生中想要保證，那麼你便是不要「**人生**」，你要的是排演一齣已經寫好的劇本。

人生，就其天性，是**無法**有保證的，否則就喪失了它所有的目的。

好吧，我懂了。如果現在我讓我的關係有了這個「非常好的開始」，接下來我又要怎麼持續下去呢？

要明白並且了解，會有挑戰和艱難的時候。

別試圖避免它們，懷著感恩之心歡迎它們，將它們看作是由**神**而來的重大禮物，視之為你進入關係——以及**人生**——所要做的事的光榮機會。

在這些時候，要非常努力的嘗試不要視你的夥伴為敵人，或反對你的人。

事實上，要努力不去視任何人和任何事物為敵人——甚或是個難題。要培養你看所有難題為機會的技巧，好讓你有機會去……

我知道，我知道——「做並且決定**你眞的是誰**」。

對了！你有點懂了！你**眞的**懂了！

但這樣聽起來像是個相當無趣的人生。

那麼你是將你的眼光放得太低了。擴大你地平線的範圍，擴展你眼界的深度，在你自己的內在看到比你以為可以看到的更多，並且也在你的夥伴裡看到更多。

藉由在別人身上看到比他顯示給你的更多，你絕不會傷害你的關係——或任何人。因為還有更多得多的在那裡，只不過是恐懼阻止他們將之顯示給你罷了。如果別人注意到你看到他們更多，他們就會覺得很安全的去讓你看你顯然已經看見的事物。

人們傾向於實現我們對他們的期望。

有點像這樣，但**我**不喜歡「期望」這個字，期望會**毀掉**關係。倒不如說，人們傾向於在自己身上看到我們看到的事物。我們的理想越大，他們願意去達到，並展示我們**已讓他們看到**的自己的那部分便越大。

所有真正有福的關係豈不都是這樣運作的嗎？這豈不是治療過程的一部分嗎？——藉著這過程，我們准許人們「放下」他們曾對自己持有的每個錯誤想法。

那豈不是**我**在這本書裡為你做的事嗎？

是的。

而那就是**神**的工作。靈魂的工作是喚醒你自己，**神**的工作是喚醒每一個人。

我們藉由看見別人如他們本是的樣子——藉由提醒他們「他們是誰」——做到這點。

你能以兩種方式做到這點——藉由提醒他們「**他們是誰**」（但這非常困難，因為他們不會相信你），或藉由記得「**你是誰**」（這容易得多，因為你並不需要**他們的**相信，只需要你自己的）。經常展現這點終究會提醒別人「**他們是誰**」，因為他們會在你身上看到他們自己。

許多**大師**曾被派到地球來展示永恆的真理，其他人，比如像施洗者約翰，就曾被派來做信使，以熾熱的言詞說出真理，以不可錯的明晰談到**神**。

這些特別的信使被賦予了殊勝的洞察力，以及非常特別的力量，去看見和接受永恆的真理，加上以群眾能了解的方式去溝通複雜觀念的能力。

你便是這樣的一個信使。

我是嗎？

是的。你相信嗎？

那是很難接受的一件事。我是說，我們所有的人都想做殊特的人——

……你們全都是特殊的……

……而且自我跑進來了——至少於**我**而言它跑進來了，並且試圖令我們覺得不知怎的「被選中」來做一件令人驚異的差事。我必須一直抵抗那個自我，力求淨化又再淨化我的每個思想、言語和行爲，爲的是排除掉個人的誇大。所以很難聆聽你說的話，因爲我覺察到它諂媚我的自我，而終我一生我都在抵抗我的自我。

我知道你有，而且有時候並不成功。

很懊惱我必須同意。

然而當觸及到**神**時，你永遠都在放下自我。很多個夜晚，你曾乞請和祈求明晰，懇求上天給你洞察力，為的並不是豐富你自己或在自己身上累積榮耀，卻是出自一個簡單的、**明白的**深刻單純的渴望。

是的。

並且你曾一而再的答應**我**，萬一**我**能讓你明白的話，你將用你的餘生——每個醒著的時刻——去與他人分享永恆的真理……並非出於獲得光榮的需要，而是出於你內心最深的願望，去終止別人的痛苦和受罪；去帶來喜悅和快樂，以及助力和療癒；去重新讓別人與你一向體驗到的與**神**的合一感連結。

是的，是的。

因此**我**選擇了你做**我**的信使，你和許多其他人。因為現在，在即刻的眼前，世界將需要許多號角來吹出清亮的召喚。世界將需要許多聲音，來說出百千萬人渴望的真理和療癒的話語。世界將需要許多心結合在一起，來做靈魂的工作，並且準備去做**神**的工作。

平心而論，你能說你沒覺察到這個嗎？

不能。

平心而論，你能否認這不是你來的原因嗎？

不能。

那麼，你是否已準備好，以這本書來決定並宣告你自己的永恆真理，並且宣布和清晰說明**我**的光榮？

我是否必須將這最後幾句對話也包含在本書裡？

你不**必**做任何事。記住，在**我們的**關係裡，你沒有義務，只有機會。這豈不是你等了一輩子的機會？你難道沒有從你青春的最初始，就奉獻**自己**給這任務，以及為它做適當的準備？

有的。

那麼，就別去做你有義務去做的事，去做你有機會去做的事。

至於，是否將所有這些放在我們的書裡，為什麼不呢？你以為**我**想要你去做一個秘密的信使嗎？

不，我想不會。

　　宣告自己為一個屬**神**的人（a man of God）需要很大的勇氣，你了解世界將會更有準備的去接受你為不論任何什麼其他的事物，但一個屬**神**的人？一個真正的**信使**？我每一位信使都受到褻瀆，離獲得榮耀還差得遠呢！他們除了心痛之外，什麼也沒得到。

　　你願意嗎？你的心是否**渴望**說出關於**我的**真理？你是否願意忍受你的人類同胞的恥笑？你是否準備好放棄世上的榮耀，為了使靈魂的更大榮耀得以完全的實現？

神，你使得這一切突然聽起來相當沉重呢！

你期望**我**跟你開玩笑嗎？

哦，我們可以稍微輕鬆一點嘛（lighten up）！

嘿，**我**舉雙手贊成輕鬆（enlightenment，譯注：此字本為「悟道」之義，但字面上看，亦可為「使之變輕」）！我們為什麼不以一個笑話來結束此章呢？

好主意。**你**有笑話嗎？

沒有，但你有。講那個關於小女孩畫畫的笑話……

哦，對的。那個啊，好吧。話說，有一天，一位媽媽走進廚房，發現她的小女孩在餐桌邊，蠟筆四散，深深沉迷在她創作的一張畫上。「啊，妳這麼忙著在畫些什麼呀？」媽媽問。「媽咪，是一張**神**的畫像呢！」美麗的女孩回答，眼睛發亮。「哦，蜜糖，妳好可愛啊，」媽媽試著想幫忙，說，「但妳知道，沒人眞的知道神看起來像什麼樣子啊！」

「那樣啊，」小女孩吱喳的說，「只要妳能讓我畫完，妳就知道了……」

這是個美麗的小笑話。你知道最美的是什麼嗎？小女孩**從沒懷疑過她就是**知道如何畫**我**！

沒錯。

現在**我**也要告訴你一個故事，而我們就用它來結束此章吧！

好啊！

從前有一個人，他突然發現自己每週花幾個小時在寫一本書。日復一日，他很快的跑到紙和筆那兒去——有時候在半夜——以捕獲每個新靈感。終於，有人問他到底在搞什麼。

「哦，」他回答道，「我在寫下我和**神**的一篇非常長的對話。」

「那很可愛，」他的朋友順著他說，「但你知道，沒有一個人真正確知神會說什麼呀！」

「那樣嗎，」那人微笑道，「只要你能**讓我寫完**。」

9 走在覺察裡

你也許會認為「**做你眞正是誰**」很容易，但這卻是你一生中所做的最具挑戰性的事。事實上，你可能永遠到不了那裡，很少有人做到，在一生裡做不到，甚至在很多生裡也做不到。

那又何必試呢？爲什麼要淌這渾水？誰需要「做你眞正是誰」？爲什麼不就遊戲人生，讓人生是它本來很顯然的樣子——一個對「無意義」的簡單練習，並不導向任何特定的地方，一個無論你怎麼玩都不會輸的遊戲；一個終會帶給每一個人同樣結果的過程？你說沒有地獄，沒有懲罰，沒辦法會輸，那麼幹嘛要試圖去贏呢？既然要到你說我們試著到達的地方是那麼困難，又有什麼非去不可的動機呢？爲什麼不慢條斯理的過日子，根本別管所有這**神**的玩意兒，和什麼「**做你眞正是誰**」？

我的天，我們**眞的**是充滿了挫折感，不是嗎？

是啊，我厭倦了一試、再試、三試，結果卻只落得現在你告訴我這檔子事有多難，而又說無論如何百萬人中只有一個能成功。

我明白你的心情。讓**我**看看**我**能否幫得上忙。首先，**我**要指出，你已經是「慢條斯理」的去做了。你以為這是你的第一次嘗試？

我完全不得而知。

你不覺得你似乎曾經在這兒過？

有時候會。

那好，**我**告訴你，你曾來過許多次。

很多次？

很多次。

你認爲這樣說就能鼓勵我嗎？

應該是會鼓舞你。

怎麼會呢？

首先，這可以令你不再擔心，這帶來了你剛才談過的「無法失敗」的因素，並向你保證它的目的是讓你**不會**失敗。你將得到「**你想要和需要的許多機會**」，你可以回來，又回來，再回來。如果你真的到達下一步，如果你進化到下一個層次，那是由於你想要，並非由於你**必須**要。

你並不**必須**做任何事！如果你享受這個層次的生活，你可以一而再、再而三的有這個經驗！事實上，你已經再三的有過了——就正因為那個理由！你**愛**那戲劇，你**愛**那痛苦，你愛那「不知道」、那神秘、那懸疑！你愛所有那一切！那就是為什麼你在**這兒**的理由！

你在開我玩笑嗎？

像這樣的事，**我**會開你玩笑嗎？

我不知道，我不知**神**愛開什麼玩笑。

至少不是這種。這太接近真理；太接近終極的知曉了（ultimate knowing），**我**從不對「它是如何的」開玩笑。關於這些，已有太多人曾和你的頭腦玩遊戲了，**我**在這裡不是要讓你更加困惑，**我**在這裡是幫你澄清事情。

那就澄清呀！**你**是在告訴我，我在這裡是由於我**想要**在嗎？

當然是的。

是我**選擇**要這樣？

是的。

而我曾做過那選擇很多次？

許多次。

多少次？

又來了！你一定要一個精確的數字嗎？

就給我一個棒球場式的估計吧。我的意思是，我們談的是差不多一撮？或幾打？

幾百次。

幾百次？我曾活過**幾百次**？

是的。

而我只到了這麼遠嗎？

事實上，這已經是相當遠了。

哦，**眞的啊**，是嗎？

絕對的。知道嗎，在前生你還真的殺過人呢！

那有什麼不對呢？你自己說過，戰爭有時候是終止邪惡所必要的。

我們會再詳談這點。**我**可以想見這個聲明如何被利用和誤用——正如你現在所做的——去試圖闡明各種觀點，或合理化各類的瘋狂。

就**我**觀察人類設計的最高標準而言，殺人絕對不能被合理化為表達憤怒、釋放敵意、「糾正錯誤」或處罰犯規者的一個方法。戰爭有時候是終止邪惡所必須的仍然是真的——因為你們令它如此。你們在創造**自己**時，你們已決定，尊重所有人類生命是——且必須是——一個非常基本的價值。**我**對你們的決定感到高興，因為**我**並不是創造生命好讓它可被毀滅。

就是尊重**生命**本身有時使戰爭成為必要，因為是透過對抗眼前就將發生的邪惡的戰爭，透過防衛對**另一個**生命即刻的威脅，你們做了一個**與之相關**的**你是誰**的聲明。

在最高的道德律之下，你有權——的確，在那律法之下你有義務——去制止對另一個人或你自己的攻擊。

但這並不意謂著，用殺人做為一種懲罰、報復或解決歧異的方法是適當的。

天啊！在你們的過去，你們曾為著一個**女人**的愛在決鬥中殺人，還稱之為**保護你們的榮譽**，事實上你們正在**喪失**所有的榮譽。用致命的力量做為**解決爭論的辦法**是荒謬的。至今，許多人甚至**仍然**在用強力——殺戮的力量——去解決可笑的爭端。

到了虛偽的最高峰，有些人甚至**以神之名**殺人——而那是最大的褻瀆，因為那麼做並沒說出**你是誰**。

哦，那麼，殺人的確是有點不對的囉？

讓我們倒回去。**任何事情**都沒有什麼「不對」。「不對」是個相對的說法，指出你所謂「對」的相反。

然而，什麼是「對」？你在這些事情上能夠真正的客觀嗎？還是你對事件和情況的「對」和「錯」判斷，其實是相當簡化的決定？

並且，請告訴**我**，是什麼形成了你決定的**基礎**？你自己的**經驗**？非也。在大多數例子裡，你決定了要接受**另外**一個人的決定。某人先你而來，而假設知道得更多。關於什麼是「對」和「錯」，你每天的決定很少由你所做，很少是建立在**自己的**了解上。

在重要的事情上這尤其是眞的。事實上，事情越重要，你可能會越少傾聽自己的經驗，而你彷彿越準備拿另外一個人的想法來當作自己的。

這解釋了你為何實際上對人生的某些領域，以及在人類經驗內升起的某些問題放棄了完全的控制。

這些領域和問題往往包括了對你的靈魂最**重要**的主題：**神**的本質；真正道德的本質；終極實相的問題；圍繞著戰爭、醫藥、墮胎、安樂死、個人價值、結構和判斷的整個總和與內容的議題。這些你們大多數人都廢止、分派給了別人。你們不想對此做出自己的決定。

「叫別人決定！我跟著來！我跟著來！」你叫道，「請別人告訴我什麼是對與錯吧！」

附帶說一句，這就是為什麼人類的宗教會如此受歡迎的原因。信仰系統是什麼幾乎無關緊要，只要它是堅定、前後一致、對其附從者的期待既清楚又固執就行了。有了那些特徵，你就會發現有很多幾乎相信任何事物的人，最奇怪的行徑和信念都能被——曾被——賦予**神**。他們說，那是**神**的方式、**神**的話語。

因而有些人**欣然接受**了。因為，你明白嗎，**這免除了思考的必要**。

現在，讓我們想想殺戮。究竟有沒有可能給殺戮任何一個講得通的理由呢？想想看，你將發現，你不需要任何外在的權威來給你指示、更高的源頭來提供你答案，如果你思考一下，觀察一下你對它的感受，答案會很明顯，而你會照著它行動。這就是所謂的按照你自己的權威行事。

當你按照別人的權威行事時，你才會使自己陷入困境。國家應該用殺戮來達成政治目標嗎？宗教應該用殺戮來強行實施神學命令嗎？社會應該用殺戮來回應那些違反了行為準則的人嗎？

殺戮是否是一個適當的政治補救之道、靈性說服者或社會問題的解決者？且說，如果某人試圖殺**你**，你是否就能**殺**他？你會不會用殺戮的力量去保衛你所愛的人的生命？或保衛一個你甚至不認識的人？

殺人是否是一個防禦被殺的適當方式？

在殺人和謀殺之間有沒有差異？

國家想要你相信，以殺戮來完成純粹政治性的議題，是理由正當的。事實上，國家**需要**你聽信這點，為的是能以一個權力實體（entity of power）的樣子存在。

宗教想要你相信，用殺戮以傳播和維持對他們特定真理的認識和附從，是理由正當的。事實上，宗教**要求**你聽信這點，為的是能存在為一個權力實體。

社會想要你相信，用殺戮以處罰那些犯某些罪（這些罪歷年來已有改變），是理由正當的。事實上，社會需要你聽信這點，以便存在為一個權力實體。

你相信這些立場是正確的嗎？你有沒有在那點上聽信別人的話？你**自己**有什麼話說？

這些事情並沒有「對」或「錯」。

但藉由你的決定，你能形塑出「**你是誰**」的肖像。

的確，藉由這些決定，你們的國家已經畫出了這種畫像。

藉由這些決定，你們的宗教已創造了恆久的、不可磨滅的印象。藉由這些決定，你們的社會也已製作了它的自畫像。

你對這些畫像感到愜意嗎？這些是你想造成的印象嗎？這些畫像代表了**你是誰**嗎？

要小心這些問題，它們可能都需要你好好去思考。

思考是很難的，做出價值判斷是很困難的，那會將你置於純粹創造的地位，因為有很多次你必須說：「我不**知道**，我真的不知道。」然而你仍然必須決定。因為你必須做**選擇**，你必須做一個武斷的選擇。

這樣一個選擇——從沒有先前的個人知識而生的決定，被稱為**純粹創造**。就是在做這種決定時，**自己**被創造出來。

你們大多數人對這麼重要的工作沒有興趣，你們大多數人寧願把決定留給其他人下，因而你們大多數人並非自我創造的，卻是習性的生物——別人創造的生物。

而如果當別人告訴你，你該感覺如何，但卻與你真正的感受正相反時——你就會經驗到一個很深的內在矛盾。在你內心深處的某事告訴你，別人曾告訴你的**並非你是誰**。那麼，現在你將何去何從呢？

你去的第一個地方是去找你的宗教人士——那個把你帶到矛盾裡的人。你去找你的神父、你的拉比、你的牧師和你的老師，而他們告訴你別去聆聽自己。他們中最壞的，會試圖**嚇你**不要去那樣做；嚇你離開你直覺知道的事物。

他們會告訴你關於魔鬼，關於撒旦，關於惡魔、邪靈、地獄、永罰，和**他們能**想起的每件嚇人的事，以便令你明白你所直覺知道和感覺的事物怎麼會是「錯」的，以及你將找到安適的唯一地方又為何會是在**他們的**思維、**他們的**想法、**他們的**神學、他們對「對」和「錯」的定義，以及**他們**對**你是誰**的觀念上。

你為了得到即刻的贊同，因而被誘導去**同意**他們，同意後你就擁有即刻的贊同。有些人甚至會又唱又叫又跳，並且搖擺他們的手臂高呼：「哈利路亞」！

當你感覺看到了光明，當你感覺被救贖，而如此的贊許，如此的歡欣時，那很難抗拒。

贊許和歡欣很少伴隨著內在的決定，慶祝鮮少圍繞著順隨個人真理的抉擇。事實上正好相反，別人不但可能不慶祝，事實上他們還可能取笑你。什麼？你在**自己**用腦筋思考？你在**自己**做決定？你在應用你自己的量尺、你自己的判斷、你自己的價值？**你到底以為你自己是誰啊**？

而，事實上，**那正是你在答覆的問題**。

但是，這工作必須非常獨自的去做。非常的沒有回報、沒有贊許，甚至沒有任何人注意的情況下去做。

因而你問了一個非常好的問題。為何要繼續下去？甚至為什麼要開始走上這樣一條路？開始這樣一個旅途又能獲得什麼？動機在哪裡？理由何在？

理由是可笑的簡單。

因為沒有別的事可做。

你是什麼意思？

我的意思是，這是唯一的遊戲，沒有別的事可做。事實上，沒有別的事是你**能**做的，你終其餘生都得做你正在做的事——正如你自出生後一直在做的。唯一的問題是，你是在有意識的或無意識的做？

你明白嗎？你無法**中止**這旅程。你在出生前便開始上路了。你的出生只不過是旅程已開始的一個信號而已。

所以，問題是，為什麼開始這樣一個旅程？你**已經**開始了，你第一次心跳時就開始了。問題是我想有意識的或無意識的走這條路？要有覺察或缺乏覺察？做為我經驗的原因，或做為我經驗的結果？

你大半輩子都活在你經驗的結果裡，現在你被邀請成為其原因，那就是所謂的有意識的生活，那就是所謂的**走在覺察裡**。

如**我**曾說過，現在你們許多人都已經走了相當長的距離了，你們的進步不小，所以你不該覺得在經歷過這些人生後，你「只」達到今天這樣子。你們有些人已是高度進化的生靈，對**自己**有一種非常確定的感覺。你知道你是誰，而且你也知道你想要變成什麼，你甚至知道由這裡到那裡的方法。

那是個很了不起的徵兆，那是個明確的指標。

對什麼的指標？

指出你現在所餘的人生已很少了。

那樣是好的嗎？

是的，對你來說，那是好的是因為你認為它是好的。不久前你想做的只是留在這裡，現在你想做的是離開，所以那是個很好的徵兆。

不久之前你殺昆蟲、植物、樹木、動物、**人**……現在你無法不精確的知道你在做什麼和為什麼而殺，這是個非常好的徵兆。

不久之前你過著彷彿沒有目的的生活，現在你**知道**它是沒有目的，除了**你給予它**目的，**這是**個非常好的徵兆。

不久之前你乞求宇宙帶給你**眞理**，現在你**告訴**宇宙**你的**真理，而這是個非常好的徵兆。

不久前，你尋求名和利，現在你只尋求單純而奇妙的做你**自己**。

而不久之前，你**懼怕我**。現在你**愛我**，愛到足以稱**我**為你的同輩。

所有這些都是非常、**非常**好的徵兆。

哦，老天……**你**讓我好開心！

你**應當**開心。任何在話裡用到「老天」的人，都不會是太壞的。

你真**的**的確有幽默感耶，不是嗎……

是**我發明了**幽默的！

是的，**你**曾說過。好吧，因此，繼續下去的理由是沒有別的事情可做。這就是此地正在發生的事。

一點沒錯。

那麼，容我問**你**——至少生命會變得容易些吧？

哦，**我**親愛的朋友——對你而言，**現在**要比三生之前容易多了。**我**簡直沒辦法跟你說呢。

是的，是的——生命的確變得較容易。你憶起越多，你越有能力經驗，你也越明白，可以這麼說。而你越明白，你就憶起越多，這是個循環。所以，是的，生命越來越容易，越來越好，它變得甚至更喜悅。

但要記住，生命全都不能說是件苦役。**我**是指你要喜愛**全部**！每一分鐘！哦，這個所謂生命的東西是很可口的！它是個極好的經驗，不是嗎？

我想可以說是吧。

你**想**？**我**還能將它做得更好嗎？你不是被容許去體驗**每一件事**了嗎？那些眼淚、喜悅、痛苦、歡欣、狂喜、巨大的沮喪、贏、輸和平手？你還想要什麼更多的呢？

或許少一點痛吧！

少一點痛而沒有更多的智慧，破壞了你的目的，且不會讓你體驗無盡的喜悅——即**我是什麼**。

要有耐心，你正在增長智慧，而你的喜悅現在不需痛苦且越來越可得，這也是個非常好的徵兆。

你正在學習（憶起如何）沒有痛苦的愛；沒有痛苦的放下；沒有痛苦的創造；甚至沒有痛苦的哭泣；你甚至能沒有痛苦的度過**你的痛苦**，如果你明白**我**是什麼意思。

我想我知道，我甚至更享受我自己的人生戲劇了。我可以退一步，而看到它們的眞實樣貌，甚至大笑。

一點沒錯。你不認為這可稱之為成長嗎？

我想我會稱之爲成長。

那麼就繼續成長吧！**我**的兒子，繼續改變吧，並且繼續決定在你**自己**下一個最高的版本裡，你想要變成什麼，繼續朝那個方向努力。繼續！繼續！這是你和**我**在從事的**神**的工作，所以繼續呀！

10 我愛你，你知道嗎？

我愛**你**，**你**知道嗎？

我知道，而**我**也愛你。

11 「全都倒著來」是你們的習性

我想再回到我先前提出的一些問題。在每個問題上，我都想問更多細節，光是談關係，我們就可以寫一整本書，但這樣的話，我可能永遠問不到其他的問題。

會有其他的時間、其他的地方，甚至其他的書，**我**與你同在。讓我們繼續下一個，如果有時間，我們會再談到它的。

好吧。那麼，我的下個問題是：我爲何彷彿無法吸引到足夠的金錢？我的餘生是否注定了得省吃儉用？關於金錢，是什麼阻止了我去實現自己全部的潛能？

這情況不只你一個人有，許多許多人也都有。

每個人都告訴我，那是個自我價值（**self-worth**）的問題，我缺乏自我價值。曾有過上打的新時代老師告訴我，缺乏任何東西都永遠能追蹤到缺乏自我價值的問題上。

那是個方便的簡化。但在這個例子裡，你的老師們是錯的，你並沒有缺乏自我價值的問題。老實說，你一輩子最大的挑戰一向是控制你的自我，有人會說那是你的自我價值**太多**！

哦，這回我又很困窘和懊惱了，但**你**是對的。

每次**我**只不過說出關於你的實情，你就一直說你很困窘又懊惱。困窘是一個仍然對別人如何看他有著自我投資（**ego investment**）的人的反應。試著讓你自己超越那個，試試看新的反應，試試以笑取代吧。

好吧。

自我價值並非你的問題。你很幸運能擁有很豐富的自我價值，大多數人也都如此，你們全都自視甚高，如你本來應該的樣子。所以，對大多數的人而言，自我價值並不是個問題。

那什麼才是呢？

大多數人的問題是對富足的原則缺乏了解，連同對什麼是「善」及什麼是「惡」的巨大誤解。

讓**我**給你一個例子。

請說。

你時時懷著一個「金錢的是壞的」的想法，你也時時懷著「**神**是好的」的想法。祝福你！所以，在你的思維系統裡，**神**和金錢不可相混。

嗯，我想以某個角度來說，這是眞的，我就是這麼想的。

這使得事情很有趣，因為這隨之令你變得很難去為了任何好事而收費。**我**是指如果你判斷一件事是非常「好」的，就金錢來說，你就覺得它的價值較**少**。所以，某樣東西「越好」（即越有價值），它值的錢就越少。

針對這點你並不孤單，你們整個社會都相信這點，所以你們的老師們薪水微薄，而你們的脫衣舞孃收入甚豐。和運動偶像比起來，你們的領袖賺得很少，以至於他們覺得必須貪污才能補足差額。你們的神父和拉比靠白麵包和水過活，同時你們卻將大把大把的銀子撒給娛樂界人士。

思考思考這點，每個你認為本身價值很高的事物，你卻堅持必須很便宜得到。研究一個愛滋病良方的科學家需到處乞求金錢，而同時寫一本談性愛的一百種新招的書且連帶著製作有聲和週末研習營的人卻財源滾滾！

這個「全都倒著來」是你們的一個癖性，而它來自錯誤的思想。

這錯誤的思想就是你們關於金錢的想法。你們愛錢，但你們卻又說它是萬惡之源。你們愛慕金錢，然而你們卻稱之為「臭錢」。你們說一個人是「飽聚孽財」，而如果一個人**眞的**做「好」事而變得有錢了，你立刻對他會變得疑心起來。你把發財弄成是「錯誤」。

所以，一位醫生最好不要賺太多錢，不然就得學會謹慎些。而一位牧師——哇！她**眞的**最好別賺太多錢（假設你們竟能讓一位「她」做牧師的話），不然肯定會有麻煩。

你明白嗎？**在你們的想法裡，一個選擇最高職業的人應當得到最低的報酬**

……

嗯。

是的，「嗯」是對的。你**應當**思考一下，因為那些是多麼錯誤的想法。

我以爲並沒有對或錯這種事。

是沒有，只有對你有益和對你無益的。「對」與「錯」是相對的說法，而當**我**偶然用它們時，**我**是以那種方式用的。在這個情形下，相對於什麼對你有益——相對於你**說你想要**什麼——你的金錢思想就是錯誤的思想。

記住，思想是有創造性的。所以如果你認為金錢是壞的，然而你認為自己是好的……那麼，你可以看出其矛盾。

現在你，**我的**兒子，尤其以很明顯的方式在演出這人類意識。對大多數人而言，衝突遠不及對你而言那麼巨大，大多數人做他們厭惡的事來謀生，所以他們不在乎因而接受金錢，這可以說，是「壞的」帶來「壞的」。但你愛你花費生命和時光所做的事，你愛你用以填塞時間的活動。

所以，對你而言，為你所做的事接受大量金錢，就你的思想系統而言，就是為了「好的」而取得「壞的」，而那是你不能接受的，你寧願餓死也不願為了純正的服務而收取「臭錢」……就好像不知怎的，如果你因此而接受了金錢，那服務便失去了純正。

因此，我們有了這關於金錢的眞正矛盾感受，你的一部分排斥它，而你的另一部分又怨恨你沒錢。因此，宇宙不知道如何是好，因爲宇宙從你這裡收到了兩種不同的想法，所以你與金錢有關的人生將會是一下停滯，一下猛衝的，因爲你對金

錢的態度是時鬆時緊的。

你沒有一個清晰的焦點；你並不真的確定什麼對你才是真的，而宇宙只不過是個大的影印機，簡單的製作許多你思想的副本。

所以，只有一個方法可以改變這一切，就是你必須改變自己有關金錢的**思想。**

我怎麼能改變我的思考方式？我對某事的想法就是我對某事的想法。我的思維、我的態度、我的想法，並非在一分鐘內創造出來的。我必須臆測，那是多年的經驗、一輩子的遭遇的結果。關於我對金錢的想法，**你**說得很好，但我怎麼改變呢？

這可能是本書中最有趣的問題。對大多數人而言，通常的創造方式是一個三步驟過程，包含了思想、言語和行為。

首先有思想，使之成形的想法，原始的觀點，然後有語言。大多數思想最終都自然形成了字眼，然後常常被寫下來或說出來，這給了思想額外的能量，將思想向外推進到世界裡，而讓其他人注意到。

最後，在有些例子裡，語言被付諸實行，而有你所謂的結果——一個全由思想開始的物質世界之顯現。

在你們人為世界裡圍繞著你的每樣東西，都以這方式——或有一些變奏——進入存在，都用到了這三個創造中心。

但現在問題來了：如何改變一個發起思維（Sponsoring Thought）？

是的，那是個非常好的問題，而且很重要。因為如果人們不改變他們的一些發起思維，人類可能會讓自己滅種。

改變一個根本思想或發起思維的最快速方式，就是逆轉思——言——行的過程。

請解釋。

有什麼新想法就去做，有什麼新想法就去說。這樣做久了之後，你便能訓練頭腦**以一種新方式來思想**。

訓練頭腦？那豈不像是洗腦嗎？那不正是操縱心神嗎？

對於你的頭腦是如何產生**現有**的思維，你有任何概念嗎？你難道不明白，是世界在操縱你的頭腦去想你所想？**讓你自己操縱你的頭腦，難道不比讓世界操縱你的頭腦要好得多嗎？**

去想你想要的思想，比去想別人的思想，對你而言不是幸運得多了嗎？以創造性思想武裝你自己，不是比以反動思想要好嗎？

然而你的頭腦充滿了反動思想——由別人的經驗躍出的思想，你很少有躍自「自製的資料」思想，更別說躍自「自製的偏愛」思想了。

你對金錢的根本想法就是個重要的例子。你對金錢的思想（金錢是壞的）與你的經驗（有錢真好）恰恰相反。所以關於你的經驗，你必須繞圈子和對自己說謊，以便合理化你的根本思想。

這個思想是如此**根深柢固**，以致你從沒想到，你對於金錢的**想法可能不正確**。

所以現在我們要做的，是想出一些自製的資料，**那**才是一個我們能夠改變根本思想的法子，並且讓它是**你的**根本思想，而非別人的。

附帶一句，關於金錢，你還有一個**我**尚未提及的**根本思想**。

那是什麼？

那就是，沒有足夠的東西。事實上，幾乎對每樣東西你都有這個根本思想：沒有足夠的錢，沒有足夠的時間，沒有足夠的愛，沒有足夠的食物、飲水、世上的同情心……不論有什麼好東西，總是**不夠**。

這「不夠」的人類意識創造又再創造你所看到的世界。

好吧，那麼關於金錢我有兩個該改的根本思想——發起思維。

哦，至少兩個，也許還更多。讓我們看看……金錢是壞的……金錢是稀少的……不可以因為做**神**的工作而接受金錢（那對你是個重要思想）……金錢從沒被慷慨的給予……金錢不會長在樹上（而事實上，它真的會）……金錢令人墮落……

看來我有一大堆功課得做！

是的，如果你不喜歡你目前的金錢狀況的話，而你的確是如此。但從另一方面來說，你對自己目前的金錢狀況不滿意，是**因爲**你對目前的金錢狀況不滿意，去了解這點非常重要。

有時候很難聽懂**你**的話！

有時候很難開導你。

嘿，**你是神**耶！爲什麼**你**不能讓**你**的話較容易被理解？

我是使它很容易被理解了啊！

那**你**爲什麼不就好好讓我了解，如果這是你眞正想要的？

我真正想要和你真正想要的事物——沒有任何不同，也沒有更多的事物。你不明白那是**我**給你的最大禮物嗎？如果**我**想要給你的，不是你自己想要的，然後又做得那麼過火以致**讓你擁有它**，你的自由選擇何在呢？如果**我**在主控你該是什麼、做什麼和有什麼，你怎能是一個有創造力的人？**我的喜悅是在你的自由，而非你的服從**。

好吧，**你**說我對目前的金錢狀況不滿意，是因爲我對自己目前的金錢狀況不滿意，是什麼意思？

你是你認為的事物。當思想是負面時，就是一個惡性循環，你必須找到方法去打破那循環。

你目前的經驗多是建立在你先前的思想上。思想導致經驗，經驗又導致思想，思想又導致經驗。當「發起思維」為喜悅時，就能產生經常不斷的喜悅。當

「發起思維」如地獄般時，它也就能確實產生繼續不斷的地獄。巧妙乃在改變「發起思維」，**我**會描述該如何做到那一點。

請吧。

謝謝你。第一件要做的事，是逆轉思——言——行的範型。你記不記得一句老格言：「三思而後行」？

記得。

那麼，忘了它。如果你想改變一個根本思想，你必須**先行而後思**。例如，你正走在街上，碰見一個老婦在乞討。你了解她是個流浪者，過著過一天算一天的日子。但你立刻又想到，雖然你錢很少，但顯然有足夠的可分給她。你的第一個衝動是給她一些零錢，你甚至有個部分準備伸手到口袋裡去拿些紙幣——一元，甚至五元。管它呢，讓她有驚喜的片刻吧，讓她開心吧！

然而，思想進來了。什麼，你瘋了嗎？我們只有七塊錢撐過這一天！你想給她一張五元？因此你開始四處摸索，找那張一元的。

思想又來了：嘿，嘿，且慢。你並沒有那麼多鈔票能讓你做**散財童子**啊！看在老天份上，給她一些銅板，讓我們趕快走開吧！

你很迅速的伸手到另一個口袋，試圖拿出幾個硬幣。你的手指只摸到五分和一毛的硬幣。你覺得很窘。瞧瞧你，吃飽穿暖的，而你竟想給這一無所有的貧苦婦人五分和一毛的零錢。

你想找一或兩個兩毛五的硬幣，卻找不到。哦，在你口袋的深褶裡有一個。但到現在你已無力的笑著走過她身邊了，而走回頭已太遲了。她什麼都沒得到，你也什麼都沒得到，沒享受到認識你的富足和分享之樂，你現在反而覺得和那婦人一樣窮。

你為什麼不就給她那紙幣算了！那是你的第一個衝動，但思想阻擋了你。

下一次，就先行動再思想。給她錢，去做啊！你有那鈔票，而從它所來之處還有更多的錢，這是分隔你和那流浪婦人的唯一思想。你很清楚從你得到錢的地方還會來更多的錢，而她卻不知道。

當你想要改變一個根本思想時，按照你有的新想法行事。但你必須趕快行動，不然在你知道之前，頭腦便會殺掉那想法我是說真的。在你有機會知道之前，那想法、那新的真實便會死了。

所以，當機會升起時，趕快行動，而如果你能夠常這樣做，你的頭腦很快便**明白**了，那想法將是你的新思想。

哦，我剛想到一件事！新思潮運動（New Thought Movement）是不是就是那個意思呢？

如果不是的話，也應該是。新思想是你唯一的機會。它是你唯一真正的機會去進化、去成長、去真的變成**你眞正是誰**。

你的腦子現在充滿了舊思想。不只是舊思想，而且還大半是別人的舊思想。現在是時候了，現在去**改變**你對於某件事的**想法**是很重要的，這就是進化的全部。

12 去做你真正愛做的！別的都不要做！

我爲何不能做我此生眞正想做的事而仍能謀生呢？

什麼？你是說你真的想要你的人生有樂趣，而仍舊賺到可以過活的錢？老兄，你在做夢！

什麼——

開玩笑罷了——只不過在玩玩讀心術而已。你明白嗎，這一直是**你**的觀點。

那是我的經驗。

是的，但是我們已經講過好幾次了。做他們愛做的事而能賴以維生的人，是那些堅持這麼做的人，他們不放棄，他們從來不投降，他們向生命挑戰，看生命敢不敢不讓他們做他們愛做的事。

但，還有另一個因素必須點出來，因為談到終身志業時，這是大多數人的理解裡都錯失的因素。

那是什麼？

在存在（being）和做事（doing）之間有一個區別，而大多數人將他們的重點放在後者上。

難道不應該這樣嗎？

並沒有涉及「應該」或「不應該」，只有你選擇什麼，以及你如何能得到。如果你選擇平安、喜悅和愛，經由你所做的事，你不會得到很多。如果你選擇快樂和滿足，在做的路徑（path of doingness），你將找到很少。如果你選擇與**神**合一，超絕的知曉、深刻的了解、無限的慈悲、完全的覺察、絕對的完成，由你正在做的事上，你不會達成很多。

換言之，如果你選擇**進化**——你靈魂的進化——你也無法藉由身體的世俗活動而產生。

「**做事**」是身體的一個機能，「**存在**」是靈魂的一個機能。身體永遠在做**某件事**，每天的每一分鐘它都在從事**某件事**。它從不停止，它從不休息，它經常在做**某件事**。

身體要不就是在做靈魂吩咐它去做的事，要不就在做違反靈魂吩咐的事；你生命的品質便危險的懸於其間。

靈魂永遠就是「**存在**」，靈魂是（being）它之所是，不論身體在做什麼，也不**因爲**身體在做什麼。

如果你認為你的人生就是關於「做事」，你便不了解自己所為何來。

你的靈魂不在乎你做什麼維生——而當你的人生結束時，你也不會在意。你的靈魂只在乎，**不論**你在做什麼時你**是**什麼。

靈魂追求的是一種「存在」的狀態，而非一種「做事」的狀態。

靈魂在尋求做什麼？

我。

你？

是的，**我**。你的靈魂**是我**，而它知道這點。靈魂在做的，是試圖**經驗**這點，而它所記得的是，要有這個經驗最好辦法是經由**什麼都不做**。除了「是」之外沒有一事可做。

「是」是什麼？

你想要是的不論：快樂的、悲傷的、軟弱的、堅強的、喜悅的、報復心重的、有洞察力的、盲目的、好的、壞的、男的、女的什麼，隨你挑。

我真的是那個意思，隨你挑。

這全都非常深奧，但這與我的事業又有什麼關係呢？我正在設法活著，活下去，養活我自己和家人，做我喜歡做的事。

試試看「是」你喜歡「是」的樣子。

你是什麼意思呢？

有些人做事，賺了大錢，別的人卻做不起來——而他們是在做**同樣的事**。區別在哪？

有些人比其他人更有技藝。

這是一種可能的篩選，但現在我們來篩第二次。現在我們只剩下兩個擁有差不多相等技藝的人，兩人都大學畢業，在班上都名列前茅，都了解他們在做的事，都知道如何非常純熟的用他們的工具——然而其一仍比另一個做得好；一個鴻圖大展，同時另一個卻在掙扎求生。那是怎麼回事？

地點。

地點？

有人曾告訴我說，在開始一項新事業時，只有三件事得考慮——地點、地點，還是地點。

換言之，不是「你要做什麼」而是「你要在哪裡做」囉？

一點沒錯。

那聽起來也像是對**我的**問題的答案。靈魂只關心你要在哪。

你要在一個叫作恐懼的地方，或一個叫作愛的地方？當你接觸人生時，你在哪——並且你**從**哪來？

現在，在兩個同樣夠格的工作者的例子裡，其一很成功，而另一個則否，並不是由於他們任一人在做什麼，卻是由於他們兩人「是」什麼。

其中一個人在她的工作裡是開放的、友善的、關懷的、愛助人的、體貼的、愉快的、有自信的，甚至喜悅的；而另一人卻是封閉的、冷漠的、不關心的、不體貼的、乖戾的，甚至憎恨她在做的事。

現在假設你要選擇甚至更高超的存在狀態，假設你選擇了善良、同情、慈悲、了解、寬恕和愛，萬一你選擇了像**神**似的，那時你的經驗會是什麼？

我告訴你：

「**是**」吸引「是」，而產生經驗。

你在這星球上並不是要以你的身體生產任何東西，你在這個星球上是要以你的靈魂生產一些東西。你的身體只不過單純的是你靈魂的工具，你的頭腦是令身體做事的力量。所以，你擁有一個有力的工具，去創造靈魂之所欲。

靈魂之所欲是什麼？

沒錯，是什麼？

我不知道，我在問**你**。

我也不知道，是**我**在問你。

這可以永遠繼續下去。

它已經是了。

等一下！我記得之前**你**曾說靈魂在尋求的是**你**。

那麼就是這樣。

那麼，那就是靈魂之所欲。

以最廣的說法，是的。但靈魂尋求的這個**我**，非常複雜、非常多重次元、多種感覺、多重面向，**我**有一百萬、十億、一兆個面向。你明白嗎？有污穢的、有深奧的、較小的和較大的、空洞的和神聖的、可怖的和似**神**的。你明白嗎？

是的，是的，我明白……上和下，左和右、這裡和那裡、之前和之後、好和壞……

一點沒錯，**我是**起點和終點。那並非只是一句很美的話，或一個俏皮的觀點，那是表達出來的**真理**。

所以，在尋求是**我**的當下，靈魂有個宏大的工作：一個可自其中挑選的龐大「是」的菜單，而這正是它現在這一瞬間在做的事。

選擇存在的狀態。

是的——然後產生正確而完美的**條件**，在其中創造對那存在狀態的經驗。所以，真實的事是，沒有一件發生在你身上或經由你發生的事，不是為了你自己的最高目的。

你是指我的靈魂正在創造我所有的經驗，不只包括我在做的事，而且包括發生在我身上的事？

我們不如說，是靈魂引領你到正確而完美的**機會**，使你正經驗到你計畫去經驗的東西。你實際上經驗到什麼得看你。它可以是你計畫要經驗的，也可以是另一件什麼事，要看你選擇什麼。

我為什麼要選擇我不想經驗的事？

我不知道你為什麼要這樣做。

你是指有時候靈魂希望一事，而身體或頭腦希望另一事？

你認為呢？

但身體或頭腦怎麼可以壓制靈魂呢？靈魂難道不總是得到自己要的嗎？

這麼說吧，你的靈魂尋求這崇高的一刻：當你有意識的覺察到靈魂的願望，而滿懷喜悅的與之合一。但靈魂從不會、永遠不會強加自己的欲望到你目前有意識的肉身上。

父不會強加**他**的意志在**子**身上，這樣做違反了**他**的本性，故此，老實說，是不可能的。

子不會強加**他**的意志在**聖靈**上，這樣做違反了**他**的本性，故此，老實說，是不可能的。

聖靈不會強加**他**的意志在你的靈魂上，這樣做不合聖靈的本性，故此，老實說，也是不可能的。

所有的「不可能性」終止於此。往往頭腦真的尋求強加其意志於身體上——而且也這樣做了。同樣的，身體往往尋求控制頭腦——並且常常成功。

然而，身與心一起並不需要做任何事去控制靈魂——因為靈魂是全然沒有「需要」的（不像身和心都為「需要」所羈絆），因而容許身和心一直照自己的意思而行。

的確，靈魂根本不要別的方式——因為如果你這個實體想要創造，因而知道你真的是誰的話，你必須經由一個有意識的意志行動，而非一個無意識的服從行動。

服從並非創造，因此永遠不能產生救贖。

服從是個反應，同時創造卻是純粹的選擇，沒被控制，沒被要求。

經由現在這瞬間最高概念之純粹創造，純粹選擇乃產生救贖。

靈魂的機能是**指明**其欲望，並非**強加**其欲望。

頭腦的機能是由其選擇的餘地中**選擇**。

身體的機能是**表現出**那選擇。

當身、心和靈在和諧與統一中一同創造時，神成肉身。

於是，靈魂真的在自己的經驗中認識它自己。

於是，天堂真的歡欣鼓舞。

現在，在這一刻，你的靈魂又創造了機會讓你去是、做，並且擁有認識**你真的是誰**所需的東西。

靈魂**帶**你到你現在正在讀的字句——正如它以前曾帶你到智慧和真理的字句。

你現在要做什麼？你選擇要是什麼？

你的靈魂滿懷興趣等著、看著，一如以往做過許多次一樣。

你是不是說，我世俗的成功（在此我們試著談論我的事業）將決定於**我選擇的**「是」**的狀態**。

我並不關心你世俗的成功，只有你關心。

的確沒錯，當你很長的一段時間都處在某種存在狀態時，你在世上所做的事很難不成功。然而你不需要擔心「維持生活」（making a living），**眞正的大師們是那些選擇去創造人生，而非維持生活（make a life, rather than a living）的人。**

從某種存在狀態你會躍出一個如此豐富、圓滿、宏偉，而且如此有益的人生，以致世俗的物品和世俗的成功將不再為你所關心了。

人生的諷刺是，一旦世俗的物品和世俗的成功不再為你所關心，它們流向你的路便打開了。

記住，你無法擁有你想要（want）的東西，但你可以經驗你有（have）的不論什麼東西。

我無法擁有我想要的東西？

不能。

在我們對話的初期，你說過這點。但，我仍然不了解。我以爲你曾告訴過我，我可以

有不論什麼我想要的東西。就像「如你所想，如你所信，就會給你成就」一類的話。

這兩個聲明彼此並無不一致之處。

眞的嗎？對我來說，它們顯然像是不一致。

那是由於你缺乏了解。

哦，我承認我缺乏了解，那就是我爲什麼跟**你**談話的原因。

那麼**我**會解釋。你無法擁有**任何**你要的東西。光是要某樣東西的行為本身，就將它推離你了，如**我**在（上冊）第一章裡說過的。

嗯，**你**可能先前說過，但**你**讓我跟不上了——太快了。

努力跟上來，**我**將更詳盡的再講一遍。試著跟上來，讓我們回到你的確了解的一點：**思想是創造性的**。好嗎？

好的。

語言是創造性的，懂嗎？

懂了。

行為是創造性的。思想、言語和行為是創造的三個層次。你跟上了嗎？

就在你身邊。

很好。現在讓我們暫且拿「世俗的成功」做我們的主題，既然那是你一直在講和問的事。

太好了。

現在，你有沒有「我想要（want）世俗的成功。」這個思想？

有時候有。

有時候你是否也有「我想要更多錢」的思想？

有的。

所以你既不能有世俗的成功，也不能有更多錢。

爲什麼不能？

因為除了帶給你**你所想的東西之直接顯現之外**，宇宙別無選擇。

你的思想是「我想要世俗的成功」。但你了解，創造的力量就像個在瓶子裡的神仙。你的言語就是它的命令。你了解嗎？

那麼，爲什麼我沒有更多的成功？

我說，你的言語是命令。現在你的言語是：「我想要成功。」而宇宙說：「好的，你是那樣。」

我仍然不確定我懂。

這樣想吧，「我」這個字是發動創造引擎的鑰匙，「我是」這話是極端有力的，那是對宇宙的聲明、命令。

現在，跟在「我」（它召來偉大的我是）字後面的不論什麼，往往會顯現在物質世界裡。

所以，「我」＋「想要（want）成功」產生出你**缺乏**（wanting）成功。「我」＋「想要錢」必然產生出你**缺乏**（wanting）錢。它無法產生其他東西，因為思想、語言是創造性的，行為也是，而如果你的**行爲**說你想要成功和金錢，那麼，你的思想、言語**和**行為是一致的，而你**一定**會有這些「缺乏」的經驗。

你明白嗎？

是的！我的天——眞的是那樣作用的嗎？

當然！你是個非常有力量的創造者。現在且承認，如果你有個思想，或做個聲明，只一次——比如在氣憤或挫敗中，你不太可能會將那些思想或語言轉成現實，所以你不必擔心像「給我去死」「下地獄」，或其他你有時候想或說的不是那麼好的事。

謝天謝地。

不客氣。但如果你一而再的重複一個思想，或說一個字——不只一次，不只兩次，卻是幾十次、幾百次、幾千次——你想像得到它的創造力量嗎？

一個思想或一個字表達、表達再表達，變成了正是那樣——被表達了，也就是說，推出來了，變成外在的實現了，變成了你的物質實相。

好慘！

這正是它常常產生的東西——**好慘**。你愛那淒慘，你愛那戲劇，直到你不再愛為止。在你的進化裡會達到某一點，當你不再愛那戲劇，不再愛你一直活在其中的「故事」，就在那時，你決定——主動選擇——去改變。只不過大多數人不知如何改變，你現在知道了。要改變你的實相，只不過是**停止繼續那樣想**。

在這個例子裡，別去想「我想要成功」，而以「我有成功」來取代。

這對我來說，聽來像句謊言，如果我說那句話，我會是在開自己玩笑。我的頭腦會大叫：「你胡說！」

那就想一個你能接受的思想。「我的成功現在正在到來，」或「所有的事都導向我的成功。」

原來這就是新時代肯定句（affirmation）練習背後的訣竅。

如果肯定句只是你想要實現之事的聲明，那它不會發生作用。只有當肯定句是你已知爲眞之事的聲明時，肯定句才有用。

所謂最好的肯定句，則是感激和謝恩的聲明。「**神**，謝謝你在我的人生中帶來成功。」這個來自真正知曉的念頭被想、被說出來並且據以行事，產生了神奇的結果，這並非由企圖導致的結果，而是覺知引發結果出現。

耶穌有這種明見。在每個奇蹟之前，他都先為其交付而預先謝過**我**。他從沒想到不要感激，因為他從沒想到他所宣告的事不會發生，那樣的思維**從未進入他的腦海**。

祂對**祂**是誰，以及**祂**與**我**的關係是如此肯定，以致**祂**的每個思想、言語和行為都反映他的覺察——**正如你的思想、言語和行為反映你的……**

現在，如果有什麼事是你選擇了在人生中去經驗，別只「想要」它——要選擇它。

你是否想選擇世俗說法的成功？你是否選擇更多錢？很好，那麼就選擇。真的、完全的，而非不熱心的。

然而，在你的發展階段，如果「世俗的成功」不再令你關切，也不必驚訝。

那是什麼意思？

在每個靈魂的進化裡，會有這麼一個時機：當主要的關切不再是肉身的存活，而是心靈的成長；不再是獲致世俗的成功，而是自己的實現。

換個角度說，這是個非常危險的時候，尤其是在一開始，因為居於肉身內的實體，現在知道它正是一個在身體裡的存在——而非是一個身體的存在。

在這階段，當成長中的實體在這個觀點上成熟之前，往往有種不再關心任何身體事情的感覺。靈魂是如此興奮它終於被「發現了」！

頭腦捨棄了身體，以及所有與身體有關的事。每件事都被忽略了，關係被擱置一旁，家庭消失了，工作變成次要，帳單忘了付，身體本身甚至很長一段時間沒吃飯，這實體的整個焦點和注意力，現在是在靈魂及與靈魂有關的事上。

在日常生活上，這可能導致一個很大的個人危機，雖然頭腦感知不到創傷，頭腦在至福的感覺中流連，別人卻會說你喪失了頭腦——而以某種說法來看，你可能是的。

發現生命和身體毫無關係，可能創造出另一方面的不平衡。雖然一開始實體的行為是——彷彿身體是所有的一切，現在它的行為卻像是身體根本不重要。當然，這並不是真的——如果實體很快的（並且有時候痛苦的）憶起來的話。

你是個三部分的存在（tri-part being），由身、心和靈構成。你將**永遠**是個三部分的存在，不只是活在地球上時。

有人認為死亡時，身和心都被丟掉了。其實身和心並**沒**被丟掉，是身體改變了形式，留在後面它密度最大的部分，但永遠保留著外殼。心智（不可與大腦混淆）也仍與你同行，加入靈和身，成為一個三次元或三面的能量團。

若你選擇回到你稱為「在地球上的生命」這個體驗機會，你的神聖的自己，將再度分開其真實的次元，成為你所謂的身、心和靈。事實上，你們全是一個能量，卻有三個分別的特徵。

當你開始住進一個在地球上的新肉身時，你的以太體（ethereal body）（如你們有些人稱的）降低了其振動頻率——將自己由快速振動得無法被人看見的頻率中減慢到能產生質量和物質的速度。這實在的物質是純粹的思想創造——你的心智，你三部分存在的較高心智面——的作品。

這物質是億萬種不同的能量單位凝結成一個龐然的巨塊——由心智控制……你真的是一個大智之人（master mind，運籌帷幄之人，譯注：神又在說雙關語）！

當這些微小的能量單位擴展了能量後，就被身體拋棄，同時心智又創造出新的來。心智不斷從關於**你是誰**的思想中創造出這個來！可以說，是以太體「捕獲」那思想，然後降低更多能量單位的振動率（或說「結晶化」能量）變成物質——你的新物質。以這方式，你身體的每個細胞每幾年就會改變一次。相當實在的，你**不是**你幾年之前的同一個人。

如果你產生了有病的或不適的思想（或連續的憤怒、憎恨和負面想法），你的身體會將這些思想轉譯成物質形式。人們將看見這負面的、病態的形體，他們會問：「你出了什麼毛病？（What's the matter?）」但他們不會知道，他們的問題是多麼的精確（譯注：**matter**這個字本為物質，也有毛病、困難之意）。

年復一年、月復一月、日復一日，靈魂看著這整齣戲的演出，而永遠執持有關你的真理。靈魂永不忘記那藍圖、那原始計畫、那第一個想法、那具創意的思維。靈魂的任務是提醒（remind）你——就是說，真的**重新思考**（re-mind）你——因此你可以再度憶起**你是誰**，然後選擇**你現在希望是誰**。

以這方式，創造和經驗、想像和成功，會以未知的循環繼續下去，現在，並且直至永遠。

哎唷！

是的，正是那樣，哦，還有很多要解釋。非常多，以致永遠無法在一本書裡，或許在一生裡也不可能解釋得完。然而你已開始了，這很好。只要記得這點，就如你們偉大的老師莎士比亞說的：「在這天地之間有許多事情是你們的哲學所不能解釋的。」

我可否問你一些與這有關的問題？比如，當你說死後我的心智與我一起走，那是否意指我的「人格」與我一起走？在死後我會知道我曾是誰嗎？

會的……以及你所曾是的每一世，都將全部對你開放——因為那時，知道對你有利。現在，在這一刻，則不會。

還有，有關此生會有一個「算帳」，一個回顧嗎？

在你所謂的死後，並沒有審判，你甚至不被允許去判斷你自己（因為，基於在**此**生你是如何的對自己批判和不原諒，你一定會給自己很低的分數）。

不，沒有算帳這回事，沒人做出贊成或反對的手勢。**只有人類是愛批判的，因為你們是，所以你們假設我必然是，然而我並不——而那是個你們無法接受的偉大事實。**

無論如何，雖然在死後沒有審判，你卻有機會再看看你在這世所有的思想、言語和行為，而決定那是否是你想再選擇的：你是誰，以及你想要是誰。

有一種圍繞著所謂欲界（Kama Loca）教義的東方神秘教誨——按照這教誨，在我們死亡時，每個人都被給予機會去重新經驗每個你曾思考過的想法、每句你說過的話、每個你採取過的行動，並非由我們的立場，卻是從每個其他受影響的人的立場。換言之，我們**已經**經驗到我們以前在思、言和行時**我們**的感受——現在我們被給予這經驗去感受在每個這些時刻裡，**別人**的感受——而藉由**這個**方法，我們將決定是否要再思、言或行那些事。對這點你有什麼意見嗎？

在此生之後會發生的事太殊勝了，所以無法以你們能理解的說法在此描述——因為那經驗是異次元的（Other-dimensional），而用被嚴重局限的字眼來描寫是根本不可能的。我只能說，你們將有機會沒有痛苦、恐懼或批判的去回顧你目前的人生，好讓你在此生的經驗感受中決定你想要去哪。

你們許多人會決定回到這兒來；回到這個有密度和相對性的世界，以便有另一次機會去經驗，在這層面是你對**自己**所做的決定和選擇。

而有些人——少數被選的——則將帶著一個不同的任務回來。他們回到這有密度和物質的世界，只為了帶其他靈魂**離開**這有密度和物質的世界。在地球上，在你們中間，永遠有這樣的人，你可以立刻分辨出他們，他們的工作已結束，他們回到地球來只為幫助他人，這是他們的喜悅，這是他們的狂喜。他們不求別的，只求服務他人。

你無法錯過這些人，他們無所不在，他們比你想的還要多，你很可能就認識一個。

我是其一嗎？

不是，如果你得問，你便知道你不是。像這樣的人是不問任何人問題的，沒有事可問。

你，**我的**兒子，在此生是個信使，一個先驅，一個帶來訊息的人，一個真理的追求者，且常是**眞理**的講述者。就這一輩子而言已夠了，快樂些吧。

哦，我很快樂，但我永遠希望能更多！

對！你會！你永遠會希望更多，那是你的天性。尋求「更多」是一個神聖天性。

去追求吧，確定的去追求。

現在**我**想明確的回答你，在這章一開始提出的問題。

去吧，去**做**你真正愛做的，別的都不要做！你的時間這麼少。你怎麼還能想到去浪費一分鐘做某些你不喜歡做的事來謀生呢？那種生活是什麼啊？那不是生活，那是垂死（dying）！

如果你說：「但，但是……我需要照顧一些依靠我的人……嗷嗷待哺的小嘴……一個依賴我的妻子……」那我會回答：如果你堅持你的人生就只意謂著你的身體所做的事，那你就是不了解你為何到這兒來。去做些令你愉快的事吧——說明你是誰的事。

還有，至少不再對那些你認為阻礙了你得到喜悅的人懷恨和生氣。

不要輕視你身體正在做的事，它是重要的，但卻不是你想的那樣。身體的行動本意是反映一種存在狀態，而非企圖去達到一種存在狀態。

在事情真正的秩序裡，一個人並**不**為了要快樂而**做**某件事——而是一個人**是**快樂的，所以**做**某件事。一個人並不為了**有**慈悲心而做某件事，而是一個人**是**慈悲的，所以他以某種方式行事。就一個有高度意識的人而言，靈魂的決定先於身體的行動。只有無意識的人，才企圖經由身體在做的事來產生一種靈魂的狀態。

這就是「你的人生並不意謂著你的身體所做的事」這個聲明的意思。然而，你的身體所做的事，卻真實的反映了你的人生為何。

這是另一個神聖的二分法。

然而，如果你其他什麼都不了解，至少也要了解這點：

你有喜悅的**權利**；不論有沒有孩子，有沒有配偶。追求它！找到它！而你會有一個喜悅的家庭，不論你賺多少錢或沒賺多少錢。而如果他們不喜悅，他們起身離開你，那麼，以愛釋放他們，讓他們去尋求**他們**的喜悅。

在另一方面來說，如果你已進化到身體的事情不再令你關心，那麼你甚至可以更自由的去追求你的喜悅——在地上如同在天上。**神**說快樂是好的——是的，你甚至在**工作**上也能感到快樂。

你的終身志業是關於**你是誰**的聲明。如果不是，那麼你為什麼要做？

你是否認為你**必須**去做？

你不必須做任何事。

如果「一個男人應該不計一切，甚至他本身的快樂，也要去維持他的家庭」是**你是誰**的話，那麼就**愛**你的工作，因為它有助於你創造一個對**自己**的**活生生**的聲明。

如果「一個女人做她所恨的工作，為的是要負起她認為的責任」是**妳**是誰的話，那麼就愛、愛、**愛**妳的工作，因為它全然的支持妳的**自我**形象、妳的**自我**觀點。

一旦人能了解他為誰在做什麼，及為何理由，每個人都能愛每件事。

沒有一個人做的事是他不想做的事。

13 疾病都是先在心智上創造的

我所曾經歷的慢性病已夠三輩子受的了，這一生我爲什麼會有這些問題？我如何解決一些健康上的問題？

首先，讓我們說老實話，是你愛生病。無論如何，你愛疾病的大部分。你曾值得佩服的利用疾病來可憐你自己，並且得到了別人的注意。

在少數你不愛疾病的場合，那只因為疾病變得太過分了。比當你創造出疾病來時，你所曾想像的還要過分多了。

現在，讓我們了解你可能已經明白的：所有的疾病全是自我創造的，甚至傳統的醫生現在也看得出，人們是如何的在**讓自己生病**。

大多數人相當無意識的這麼做（他們甚至不知道他們在做什麼）。所以，當他們得了病時，他們不知道他們被什麼擊中。感覺上像是某事**發生**在他們身上，而非他們對自己做了某事。

這是因為，大多數人都是無意識的度過一生——不僅只是這健康上的議題及後果。

人類吸菸，卻奇怪自己為何會得癌症。

人類攝取動物和肥肉，卻奇怪自己為什麼會得血管堵塞。

人類一輩子都在生氣，還奇怪他們為何得到了心臟病。

人類彼此競爭——無情的，並且在不可置信的壓力下——卻奇怪他們為什麼會中風。

而那不怎麼明顯的真相是，大多數的人**讓自己擔憂致死**。

擔憂幾乎可說是最糟方式的精神活動——僅次於恨，恨非常具有自我毀滅性。擔憂是無意義的，是被浪費的精神能量。擔憂也創造出傷害身體的生化反應，產生從消化不良到心肌梗塞，以及兩者之間的種種不健康情形。

當**憂慮**停止時，健康幾乎會立即改進。

憂慮是因爲人不了解他與我有連結而產生的一種心智活動。

憎恨是傷害最嚴重的精神狀況，它毒害身體，而其效果真的是無法逆轉的。

恐懼是你所是的一切的反面，因而對你的精神和身體健康有反面效果。**恐懼是放大了的憂慮**。

憂慮、憎恨、恐懼——和它們的分支：焦慮、怨恨、不耐、貪欲、不厚道、批判和譴責一起——全都在細胞層面攻擊身體。在這些情況下，不可能有一個健康的身體。

同樣的——即使是較小的程度——自大、自戀和貪婪，也會導致身體的疾患或不安適。

所有的疾病都是先在心智上創造的。

那怎麼可能？從別人那兒傳染來的情況又怎麼說呢？傷風——或者愛滋病？

你生命中發生的每件事，都是從思想開始的，無一不是。思想就如磁鐵，將效應吸引到你身上。思想也許不總是那麼明顯、清楚的表明原因，不會是「我要傳染一個可怕的病。」思想也許是（並且通常是）比這微妙得多，如「我不配活下去。」「我的人生總是一塌糊塗。」「我是個失敗者。」「**神**將要懲罰我。」

「我厭倦了我的生命！」

思想是個非常微妙卻極端有力的能量形式；語言是較不微妙，但更濃密的能量形式；行動則是最濃密的，行動是在沉重物質形式裡的能量。當你思、言**和**演出一個像「我是個失敗的人」這種負面觀念時，就啓動了極巨量的創造性能量，你會因傷風而病倒一點都不奇怪，那還是最輕微的後果呢！

一旦負面思想變成了物質形式時，就非常難逆轉其效應了。當然，並非完全不可能——卻是非常困難，那需要極端的信心，需要對宇宙的正面力量有非凡的信念——不論你稱之為**神**、**女神**、**不動之動**、**原始力量**、**第一因**或不論什麼。

療癒者正是有這樣的信心，那是個跨越到絕對知曉的信心，他們**知道**你在**當下這一刻**本應是完全、完整和完美的。這個知曉也是一個思想，一個非常有力的思想，它有移山的力量——更不必說你身體裡的分子了，這就是為什麼療癒者往往甚至在遠距離也能療癒人的理由。

思想無遠弗居，思想比你說出這個字更快的速度環遊世界，並往返宇宙。

「只要**你**說一句話，我的僕人便會被療癒。」的確如此，在那同一刻，甚至在他說完這句話之前。百夫長的信心就是這麼強（譯注：見《新約》〈馬太福音〉

第八章）。

然而，**你們**全是精神上的痲瘋病患，你們的心智被負面思想逐漸吞蝕。這其中有些思想是被丟在你身上的，許多事實上則是你自己假造的，而且你還緊抱、思慮了數小時、數日、數週、數月，甚至數年。

……而你卻奇怪自己為何會生病。

所以藉由解決你思路裡的問題，就能如你所說的「解決一些健康問題」。是的，你能療癒一些你已經有（給了自己）的狀況，同時也防止重要的新問題發展。你可以藉改變思想而做到這一切。

還有——而我很討厭去建議這點，因為它聽起來是如此的俗不可耐，但——看在**老天**份上，**對你自己照顧得好一點**！

你糟蹋你的身體，對它根本很少注意，直到你懷疑它出了什麼問題。你在預防維護方面真的什麼都沒做。你照顧你的**車子**還比你的身體好些……

你不但沒有做定期的檢查、一年一度的體檢，和用醫師給你的療法和藥品（你為什麼去看醫生，尋求她的幫助，然後不用她建議的治療？你能回答**我**這個問題嗎？）——在沒去看醫生的這段期間，你又非常嚴重的錯待你的身體，而置身體於不顧！

你不做運動，因此身體變得鬆弛肥胖，更壞的是，越不用越不靈。

你不給它適當的營養，因此它更羸弱。

然後你用毒物以及裝作是食品的最荒謬的物質去餵你的身體。然而，面對這打擊，這個神奇的機器仍舊為你工作，它仍然發出軋軋聲勇敢的向前推進。

那真是可怕。你要求身體在這種情況下還能倖存很可怕，但你卻很少，甚至完全不改善。你會讀到這裡，然後充滿遺憾的點頭同意，但立刻又會再去錯待自己。你知道為什麼嗎？

我不敢問。

因為你**沒有活下去的意志**。

那彷佛是一項很嚴苛的指控。

這並非有意的嚴苛，也非有意的指控。「嚴苛」是個相對的說法，是你放在字句上面的判斷。「指控」意謂著罪惡感，而「罪惡感」意涵做錯了事，在此並沒涉及做錯事，所以沒有罪惡感，也沒有指控。

我只是做了一個單純對真理的聲明。就像所有對真理的聲明一樣，它具有喚醒你的性質。有些人不喜歡被喚醒，大多數人不喜歡，大多數人寧願酣睡。

由於世界充滿了夢遊者，世界才是現在這種狀況。

關於**我**的聲明，它有什麼地方看來不真實呢？你沒**有**活下去的意志，至少直到現在為止，你一丁點都沒有。

如果你告訴**我**你已經有了「立即的轉化」，**我**會重新評估你現在要做什麼。

我承認**我的**預言是建立在你過去的經驗上。

……**我**說這話的意思也是有意要喚醒你。有時候，當一個人真的是睡得很沉時，你必須搖他一下。

我看到你過去沒有多少活下去的意志，現在你可能會否認，但其實，你的行為比你的言語更能看出真相。

如果在你的一生中，你曾經點過一根菸——更別說像你一樣二十年來每天一包菸——你活下去的意志就很少。因為你並不在乎你對自己的身體做了**什麼**。

但我十年多前就**停止**吸菸了！

這是對身體進行了二十年嚴懲之後，

而如果你曾飲過酒，你活下去的意志也非常低。

我只有淺酌而已。

身體並不是生來要飲入酒精的，它會損害心智。

但耶穌也飲酒啊！他去參加婚禮，並將水變成酒！

所以誰說耶穌是完美的呢？

哦！拜託！

喂，你是不是被**我**激怒了啊？

哼，我才不會被**神**激怒呢，我的意思是，這樣的說法不是有點太高傲了嗎，是不是？但我的確認爲我們可能太過火了。我父親教過我「中庸之道」。有關於酒精的事，我想我還是固守那一點好了。

身體能很容易的從只是中度的虐待中恢復過來，所以那個說法是有用的。然而，我也要固守**我**原始的聲明：身體並不是生來要飲入酒精的。

但有些藥物也包含了酒精啊！

對於你們稱之為藥物的東西，**我**無從干涉。**我**仍然堅持我的聲明。

你眞的很僵化耶，不是嗎？

嘿，實話就是實話。如果有人說：「小酌無傷。」而將這說法套在你現在所過的生活範疇裡，**我**必須同意他們。但那並不致改變**我**話的真實性，只不過容許你去忽略它而已。

然而，你考慮一下，如果按照目前的一般標準，你們人類大概在五十到八十年間會用壞你們的身體。有些身體更耐久一些，但並不多。有些更早便停止作用了，但大多數人並不會。在這樣的標準下，我們能否同意「小酌無傷」那一點？

可以。

好吧，那麼我們就有了一個好的討論起點。當**我**說**我**能同意「小酌無傷」這說法時，是加上了「在你**現在所過的生活**範疇裡」這個條件，你明白為什麼嗎？你們人類似乎**滿足**於目前所過的生活。如果你發現生命原來該以一種全然不同的方式去過，而且你的身體原是設計好要使用比目前更長的壽命時，你可能會很驚訝！

眞的嗎？

是的。

長多少？

長得無限多。

那是什麼意思？

孩子啊，**我**的意思是，你的身體是設計好可以永遠存續的。

永遠？

是的，甚至比永遠還更多。

你的意思是，我們可以永遠不死囉？

你**眞的**永遠不死，生命是永恆的，你是不朽的。你**眞的**永遠不死，你只不過改變形式，你甚至連那也不必做。是**你**決定去那樣做，**我**並沒有，**我**造給你的身體可以**永遠**保持。你真的以為**神**所能做的最好的，**我**所能做的最好的，是一個可以活到六十、七十，甚至八十歲才崩潰毀壞的身體？你是否以為那就是我能力的局限？

我從來沒有想到這樣的可能……

我設計了你宏偉美觀的身體，以便**永遠**保持下去！而最早期的人類**的確**活在一個真的無痛的身體裡，而不必恐懼你們現在稱為死亡的東西。

在你們的宗教神話裡，你們將自己對這些人類最早版本的細胞性記憶象徵化，而稱之為亞當與夏娃。而事實上，當然有比這兩個更多的始祖。

在一開始，意思是要讓你們這些神奇的靈魂，有個機會透過在肉身裡及在相對世界裡獲得的經驗，去認識你們**自己眞正是誰**——如**我**曾在此一再重複解釋的。

這是藉由放慢所有振動（思想形——thought form）的速度以產生物質——包括你們稱之為肉體的物質。

在你們稱為兆億年時光的一瞬間，生命經由一連串的步驟演化，而在這神聖的瞬間，你們由海洋——生命之水中出來，來到陸地上，而進入你們現在保有的形式裡。

那麼進化論者是對的！

我覺得很好玩——事實上，是個持續不斷的趣味來源——你們人類有種將每件事分辨為對和錯的需要。你們從沒想到，你們**製造出那些標籤**以助你們定義物質——以及你們**自己**。

你們（除了你們中最精細的心智之外）從沒想到，可以同時是既對又**錯**的；

只有在相對的世界裡，事物才是非此即彼的。在絕對的、有時間——無時間的世界裡，**所有的事物即每一件事物**。

沒有男性和女性，沒有之前和之後，沒有快和慢、此處和彼處、上和下、左和右——也沒對和錯。

你們的太空人和宇宙人（cosmonauts）已經有過這個感受。他們想像自己被火箭送**上**去到外太空，到了那裡之後，他們卻發現向**上**看到**地球**。也或許並不吧？或許他們向**下**看到地球！然而，太陽又在何處？上？下？非也！在**左**邊。所以現在，突然之間，一件東西既非上也非下——它在側邊……而所有的定義於是都**消失不見了**！

因此，在**我的**世界——**我們的**世界——我們真正的界域——也是一樣的。所有的定義都消失了，以至於連以確定的說法來談論這界域都變得很困難了。

宗教是你們想說出**那不可說的**企圖，**但並沒做得很好**。

不，孩子，進化論者並**不**對。**我**在一眨眼間，只在一瞬間創造出所有的一切——**所有**這一切，正如創造論者（Creationists）所說的。而……正如進化論者宣稱的，這個演化過程花了你們億萬年的時光。

他們兩方都是「對的」。正如宇宙人發現的，這**全仗著你是如何看它**。

但，真正的問題是：一個神聖的瞬間或億萬年——又有何區別？你們能不能就簡單的同意，有些有關生命的問題是太過神秘，甚至你們也無法解答？為何不將那神秘視為神聖的？並且，為何不讓那神聖的做為神聖的，而別去管它呢？

我猜想我們全都有一種無法滿足、想要知道的需要。

但你**已經**知道了！**我**剛剛**告訴**你了！然而你並不想知道**眞相**，你只想知道**你所了解的眞相**，這是你悟道的阻礙。你以為你已經**知道**真相了！你以為你已經了解那是怎麼回事了。所以你同意在你能了解的範型的每樣你看到、聽到，或讀到的事物，而排斥每樣不合理的事物，你稱這為學習，你稱這是對教誨開放。**可歎啊！你除了對自己的眞理開放之外，對每樣事物全都採封閉態度的話，你就永遠無法對教誨開放。**

因此，這本書便會被有些人稱為褻瀆——魔鬼的作品。

然而那些有耳能聽的人，讓他們聆聽。**我**告訴你這點：**你們本來是不該會死**

亡的。你們的物質形式是被創造為一個偉大的方便、一個神奇的工具、一個光榮的載具，以容你去經驗你在自己心智中創造出來的實相，以便你能認識你在你靈魂裡創造出來的**自己**。

靈魂孕育，心智創造，身體體驗，循環就此完成。然後靈魂在其自身的經驗中認識自己。如果靈魂不喜歡它所經驗的（感受的），或為了任何理由希望有個不同的經驗，靈魂只不過孕育一個自己的新經驗，而十分真確的**改變其心意**。

很快的，身體會發現自己在一個新經驗裡（「我即復活及**生命**」是一個偉大的例子）。無論如何，你認為耶穌如何**做到**的呢？或者，你不相信它真的發生過？**相信**吧，它**發生了**！

然而，至少以下這些是真的：靈魂永遠不會凌越身體或心智，**我**造你們為一個三合一的生靈。你是三個存在合而為一的，按照**我**的形象造成的。

自己的三個面向彼此並非不平等的。每個都有個機能，但沒有一個機能比其他的機能更偉大，也沒有任何一個機能實際上在另一個之前，所有的都以完全平等的方式彼此相連。

孕育——創造——經驗。你所孕育的你創造，你所創造的你經驗，你所經驗的你孕育。

那就是為何我們說，如果你能令身體經驗某件事（比如說，富足），你很快便會在靈魂裡感受到它，你的靈魂會以一種新方式孕育它（就是說，富足），於是給心智看到與它有關的新思維，由這新思維躍出更多的經驗，而身體開始活在新的實相裡，視它為一種永恆不變的存在狀態。

你的身、心和靈是一體的，在這點上，你是一個具體而微的**我**——神聖的一切，神聖的萬物，總和與內涵（the Divine All, the Holy Everything, the Sum and Substance）。現在你明白**我**如何是萬物的開始和結束、起點和終點（the Alpha and the Omega）了。

現在**我**要解釋給你聽那終極的神秘：你們和**我的**精確而真實的關係。

你們是我的身體。

正如**你的**身體相對於**你的**心智和靈魂的關係，**你們**相對於**我的**心智和靈魂的關係也是一樣的。所以：

我所經驗的每樣事，是**我**透過你們來經驗的。

正如你的身心和靈是一體的，**我的**也是一樣。

因此，當那撒勒的耶穌——了解這神秘的許多人之一——說「**我與父爲一**」時，他是說出了一個不可改變的真理。

現在**我**要告訴你，有一天你們會認識一些甚至更大的真理。因為正如你們是**我的**身體，**我**也是另一個靈的身體。

你的意思是，**你並不是神**？

是的，**我**是**神**，如你們現在了解的**神**，**我**是如你們現在理解的女神，**我**是你們現在知道和經驗的**每件事**的**孕育者**和**創造者**，而你們是**我的**孩子……正如**我**是另一個靈的孩子一樣。

你是否在試圖告訴我，甚至**神**也還有一位**神**？

我在告訴你，你對終極實相的感知，比你想像的更狹隘，而**眞理**比你們所能想像的還要更無限。

我在給你對無限——和無限的愛——一個極小的一瞥（在你的實相裡，你無法保有一個大得多的一瞥。你連這小小的一瞥也難能保有）。

等一等！**你**的意思是說，現在我眞的並不是在與神談話？

我告訴過你——如果你理解**神**為你的創造者和主人——正如你是你自己身體的創造者和主人，那麼，**我**是你所理解的**神**。是的，你是在跟我談話，這是個很美味可口的對話，不是嗎？

不管美味與否，我以爲我是在與眞正的**神**談話，**萬神之神**。**你**明白的——最高的上司，主要的領導人。

你是的，相信**我**，你是。

然而，**你**說在這階層組織的設計裡，在**你**之上還有某人。

我們現在正試圖做那不可能的事，即說出那不可說的。如**我**說過的，那是宗教所尋求去做的。讓**我**看看**我**能否找出一個法子來下個綜論。

「永遠」比你所知的要長，永恆又比永遠要長。**神**比你想像的要大，想像又比**神**還要大，**神**是你稱之為「想像」的能量。**神**即第一個思維，**神**即最後一個經驗，而**神**也是在其間的每樣事物。

你有沒有透過高密度的顯微鏡看過，或看過分子活動的照片或影片，並且說：「老天啊，那裡有一**整個宇宙**呢。而對那個宇宙而言，我——現在在場的觀察者，必然感覺起來像是神一樣！」你有沒有說過那種話？或有那類經驗？

有的，我猜每個有思想的人都應該有過。

沒錯，你已給過自己對於**我**在此顯示給你看的事物的一瞥。

而如果**我**告訴你，你讓自己瞥見一眼的這個實相**永不完結**，你又會怎麼做呢？

請你解釋這句話，我想請你解釋這句話。

好，請你取你能想像的宇宙最渺小的部分。想像這細小、很細小的物質顆粒。

好的。

現在將它切成兩半。

好的。

你現在有什麼？

兩個更小的一半。

一點不錯。現在再將它們切成一半。現在又如何？

兩個更小的一半。

對了。現在，再切，又**再切**！剩下什麼？

越來越小的顆粒。

是的，但它何時停止呢？你能分割物質多少次，直到它不再存在為止呢？

我不知道，我猜它永遠不會停止存在。

你的意思是你永遠不能完全毀掉它，你所能做的只是改變其形式？

看起來似乎如此。

我告訴你，你剛才學到了所有生命的秘密，並且看見了無限。現在**我**有問題要問你。

好吧……

你怎麼會以為無限只向一個方向進行？

所以……向上走也沒有結果，就像向下走一樣。

並**沒有**上或下，但我了解你的意思。

但，如果「小」沒有結束，那就是說，「大」也沒有結束囉？

正確。

但如果「大」沒有結束，那麼就沒有「最大」。也就是說，以最大的方式而言，並**沒有神**。

或是，也許——**所有一切都是神，而並沒有其他**。

我告訴你：**我是我所是的**（I AM THAT I AM.）。

而**你是你所是的**，你無法**不是**。你可以隨你所願的改變形式，但你無法不存在。然而你**可以**不知道**你是誰**——而在這個失敗裡，只體驗了一半。

那便**會**是地獄了。

一點沒錯，然而你並沒被罰進地獄，你並沒有被永遠放逐到地獄去。要由地獄出來——由不知道出來——所需的只是重新知道。

有許多方法和許多地方（次元）你可以這樣做。

你現在在那些次元中的一個，以你們的了解，它被稱為第三次元（三度空間）。

而還有很多別的？

我不是告訴過你們，在**我的**王國裡有許多大廈？如果事實不是如此，**我**不會這樣告訴你。

那麼，並**沒有**地獄——不是眞的有。我是說，並**沒有**我們被永遠詛咒待在那兒，不得翻身的一個地方或次元！

那樣目的又何在呢？

然而，你永遠被你的知曉所局限——因為你們——我們——是一個自我創造的生靈。

你無法做你不知道你自己是的東西。

那就是你為何被給與了這一生——因此你可以在自己的經驗裡認識你自己。然後你能孕育自己為**你眞正是誰**，而在你經驗裡創造自己成那樣——而圓圈便再次完成了……只是更大些。

因此，你是在成長的過程裡——或如我在這整本書在講的——**變爲**的過程裡。

你能變成什麼**並無限制**。

你的意思是，我甚至能變爲——我能說出口嗎？一位神……就像你一樣？

你認為呢？

我不知道。

除非你知道，否則你不能。記住那三角形——神聖的三位一體：是靈——心——身，孕育——創造——經驗。記住，用你的象徵：

聖靈＝靈感＝孕育

聖父＝為人父母＝創造

聖子＝子女＝經驗

聖子經驗聖父思維的創造，而那思維是由聖靈孕育的。

你能孕育你自己有一天做一位**神**嗎？

在我最狂野的時刻。

很好，因為**我**要告訴你，你**已經**是一位**神**，**只不過你不知道而已。**

我難道沒說過，「你們是**神**」嗎？

14 這並非我對你說話的唯一方式

好吧，**我**已替你解釋了一切。生命是如何運作的，其真正的理由和目的。**我**還能給你什麼幫助嗎？

我沒有問題了，我對這個不可置信的對話滿懷感激，它是如此深遠，如此博大，而且當我回顧原問題時，發覺我們已涵蓋了與生命、關係、錢財、事業，及健康有關的最前面五個問題。如**你**所知，在我原始的單子上，我有更多問題，但不知怎的，這些討論使得那些問題看似都不重要了。

是的。不過，你既然問了那些問題，就讓我們很快的一一回答其餘的問題。

我們既然這樣快速的通過這資料——

——什麼資料——？

我讓你得知的資料——現在既然我們這麼快速的通過這資料，不如讓我們看看那些剩下的問題，且很快的處理吧。

第六，我在此該學的因果教訓（karmic lesson）是什麼？我正在試圖嫻熟什麼？

你在此不學任何事，你沒有要學的東西，你只需要憶起（remember），也就是，重新成為（re-member）**我**。

你在試圖嫻熟什麼？你正在試圖嫻熟「**嫻熟本身**」。

第七，有沒有轉世這回事？我有過多少前生？我的前生是什麼？「因果債」（karmic debt）是真有其事嗎？

很難相信你對此仍有疑問，**我**覺得很難想像。有這麼多從完全可信的來源來的有關前生經驗的報導。其中有些人還曾帶回令人震驚、詳盡的事件描述和全然可以實證的資料，足以消除任何疑慮——它們既不可能偽造，也不可能是設計來欺騙研究者和至愛的人。

既然你堅持要精確，我就告訴你，你曾有過六百四十七個前生，這是你的第六百四十八生。你什麼都當過，國王、王后、農奴；老師、學生、大師；男人、女人；戰士、和平主義者；英雄、懦夫；殺人者、救主；智者、傻瓜。你曾經是**所有**一切！

不，沒有像因果債這種事——並不以你這問題裡問的意義存在。債務是某樣必須償還的東西，**而你並沒有義務去做任何事**。

不過，你仍然有些你**想要**去做和**選擇**去經驗的事，那源自你以前所曾經驗的事。

對於你所稱的因果，這是文字所能做的最貼近的解釋了。

如果因果指的是，天生想要更好、更大、演化和成長，並且視過去的事件和經驗為其指標的話，那麼，沒錯，因果的確存在。

但因果並不要求任何事，從來不曾要求任何事。你是——如你一向永遠是的——一個有自由選擇的生靈。

第八，我有時覺得頗有神通。但到底有沒有神通這回事？我是個通靈者嗎？宣稱通靈的人是否在「與魔鬼打交道」？

是的，是有神通這回事。你就是通靈者，**每個人**都是，沒有一個人沒有你所謂的通靈能力，只有不去用它的人。

利用通靈能力，只不過是和利用你的第六感一樣。

顯然這並非「與魔鬼打交道」，否則我不會**賦予**你這種能力，當然也沒有可與之打交道的魔鬼。

有一天——也許在第二部裡——**我**會向你解釋通靈能量和通靈能力是如何作用的。

會有第二部嗎？

是的，但讓我們先結束這一部。

第九，做好事是否可以收費？如果我選擇在世上做治療的工作——**神**的工作——我能這樣做而同時也變得經濟上很寬裕嗎？或兩者是互相牴觸的？

我已經講過這個了。

第十，性是許可的嗎？請照實說吧——在這人類經驗背後的眞實故事是什麼？性，是否如某些宗教說的純粹是爲了繁衍後代？是否得透過否定——或轉化——性能量，才能達成眞正的神聖和悟道？是否可以享有無愛之性？光只是身體上的性感受，是否足以成爲一個享受性的理由？

享受性當然是可以的。**我**再說一次，如果**我**不要你們玩某些遊戲，**我**就不會給你們那些玩具。你難道會給你的孩子們不想要他們玩的東西嗎？

與性**遊戲**，與它**遊戲**！性是**非常**好玩的。不是嗎？性幾乎是你用你的身體所能享有的最好玩的事——如果你單單只是嚴格的以身體經驗來講的話。

但是，看在老天的份上，不要誤用性而毀掉了性的無邪和歡愉，以及其好玩、喜悅的單純性。不要為了權力或隱藏的目的使用性；別為自我誇耀或宰制別人而利用性；除了彼此給予和分享純粹的喜悅、最高的狂喜——那即**愛與被重新創造**的愛，那即新生命——以外別為了任何其他目的而用它。我難道沒選擇一個美妙的方式，來讓你們更成為人嗎？

至於否定，**我**先前也曾談到過，從來沒有任何神聖的事物可經由否定而達成。然而，當對更大的實相略見一瞥時，**欲望**改變了。所以，有些人就渴望較少的，或甚至沒有性生活，或任何種類的身體活動，這也不足為奇。對有些人而言，靈魂的活動變得最重要，並且更愉悅些。

每個人各行其是，不需批判——那才是座右銘。

我對你問題的結論是：你不需為任何事找理由，只是做**原因**（be cause），做你經驗的原因。

記住，經驗產生對**自己**的觀念，觀念產生創造，創造產生經驗。

你想要體驗自己為一個享有無愛之性的人嗎？盡量去做！你可以那樣做，直到你不想再做為止。而唯一能令你停止這樣做，或**任何其他**行為，是你重新想起**你是誰**。

這是如此簡單，又如此複雜。

第十一，如果我們必須盡可能避開性，那**你**又爲什麼將性造得這麼好，這麼令人目眩、這麼有力的一種人類經驗呢？哪一邊得讓步？又爲什麼所有好玩的事不是「不道德、不合法」，就是「讓人發胖」的呢？

我剛才已經回答了這個問題，所有好玩的事**並非**不道德、不合法或讓人發胖的。不過，你們的人生是界定何為「好玩」的有趣演練。

對有些人而言，「好玩」意謂著身體的感受；對其他人而言，「好玩」可能是某些全然不同的事。全看**你**以為**你是誰**，以及你在世間做什麼。

關於性，可說的實在太多，但再沒有比以下更基本的：性是**喜悅**，而你們許多人卻使得性成為除了喜悅之外的事。

性也是神聖的沒錯，但喜悅和神聖**的確**可以相融（事實上，那是同一件事），而你們許多人卻認為兩者不能相融。

你們對性的態度，構成了你們人生態度的一個具體而微的例子。人生應該是一種喜悅、一種歡慶，而你們的人生卻已變成了恐懼、焦慮、不滿足、嫉妒、氣憤和悲劇的經驗。同樣的，對性來說也是如此。

就如你們壓抑了人生一樣，你們也壓抑了性，而無法盡情和喜悅去完全的自我表達。

就如你們羞辱了人生，你們也羞辱了性，稱它為邪惡的，而非最高尚的禮物和最大的愉悅。

在你抗議說你沒有羞辱人生之前，且看看你們對人生的集體態度。世上五分之四的人認為人生是一種考驗、一種試煉、一項必須償付的因果債、一個有著艱深教訓得學的學校，而且，視人生為必須忍受的經驗，卻同時在等待**眞正的**喜悅，而那往往是**在死後**。

這麼多人這樣**想**是很羞愧的事，難怪你們將羞辱付加於創造生命的行為本身！

在性底下的能量，即是在生命底下的能量；那**就是**生命！彼此吸引的感受和強烈，以及急迫地想向彼此靠近、想合而為一的欲望，是所有生命的基本動力。我將這基本動力付諸萬物使它天生、與生俱來的在**一切萬有之內**。

你們在「性」的周圍（以及在愛和所有生命的周圍）所放置的道德律、宗教戒律、社會禁忌和情感慣例，已使得你們根本不可能**慶祝你的存在**了！

有史以來，所有的人所曾想的唯有愛和被愛。而有史以來，人們卻在他能力所及之處，做盡了所有使他不可能去愛和被愛的事。性是愛——愛別人、愛**自己**、愛**生命**——的一種不凡表現。所以，你應該**愛**性（而且你也的確愛性——你只不過無法**告訴**任何人你愛性；你不敢**表現**你有**多**愛性，否則你會被稱為變態。然而，**這**才是變態的想法）。

在下一部書裡，我們將更進一步觀察性；更細密的探索其動力學，因為性的經驗和課題具有遍及全球的重大意涵。

目前——並且對你個人而言——只要簡單的認知：**我沒給你們任何可恥的東西，更別說是你們的身體和它本身的機能了。沒有必要隱藏你們的身體或其機能，或你們對它們的愛，以及對彼此的愛。**

你們的電視節目，對於展現赤裸的暴力，全然不以為意，卻怯於展現赤裸裸的愛。你們整個社會都反映出這種取捨。

第十二，在其他的星球上有生命嗎？他們來探訪過我們嗎？我們現在是否正被觀察著？在此生，我們會看到有關外星生命不可置疑和不容辯駁的證據嗎？每種生命形式是否都有自己的**神**？**你**是所有一切的**神**嗎？

你這個問題的第一部分，是的。第二部分，是的。第三部分，是的。**我**無法回答第四部分，因為它要求**我**去預言未來——這是我不會去做的事。

不過，在第二部裡，我們將對這所謂的未來談得較多——而我們在第三部裡會再談到外星生命和**神**的本質。

我的天，還會有第三部啊？

讓**我**在這兒列出大綱。

第一部包括基本真理，主要的理解，並且談論基本的個人事務和主題。

第二部包括影響更深遠的真理，更大的理解，並談論全球的事務和主題。

第三部包括你們目前所能理解的最大真理，並談論宇宙性的事務和主題——全宇宙的生靈所處理的事務。

正如你花了一年光陰去寫完第一部，你也會被給予一年時光寫完後面兩部。

我明白了。這是個命令嗎？

非也。如果你會問出這個問題，表示你對這本書一點都不了解。

你**選擇**了去做這工作——而你也**被選**了，循環完成了。

你了解嗎？

了解。

第十三，烏托邦有一天會不會降臨到地球？神會不會如他承諾過的顯現給地球上的人？有沒有「基督再臨」這回事？會有世界末日的來臨嗎，如在《聖經》裡預言過的？有

沒有一個唯一的眞正宗教?如果有,是哪一個?

這些答案本身就是一本書,而將組成第三部的大部分。**我**將這開宗明義的第一部局限在比較個人的事情、比較實際的主題上。在接下去的書裡,**我**會談到具有全球和宇宙性意涵的更大的問題和事情。

就這樣子嗎?目前爲止就這麼多了嗎?我們不再多聊了嗎?

你已經開始想念**我**了嗎?

是的!這很好玩嘛!我們現在就結束嗎?

你需要休息一下,你的讀者也需要休息。這本書裡有很多得吸收的,很多得努力去理解的,很多要沉思的。休個假吧!然後好好的思考、沉思。

不要覺得被遺棄了,**我**永遠與你同在。如果你有問題——日常的問題——如**我**

所知你甚至現在就有，並且還會繼續有的，你可以呼叫**我**來解答，你並不需要這本書的形式。

這並非**我**向你說話的唯一方式，在你靈魂的真理裡傾聽**我**，在你心的感受裡傾聽**我**，在你心智的靜默裡傾聽**我**。

你們隨時隨地可聽見**我**，**不論**何時你有問題，只需**知道我已經**答覆了，然後對你的世界張開雙眼。

我的回答可以是在一篇已經刊出的文章裡，在一篇已經寫好、正要講出的佈道文裡，在目前正在拍的電影裡，在昨天才寫的歌裡，在你所愛的一個人正要說出的話語裡，在你正要結交的一個新朋友的心裡。

我的真理是在風的私語裡，小溪的潺潺裡，雷電的轟隆裡，雨聲的滴答裡。

我的真理是泥土的感覺、百合的芬芳、陽光的溫暖、月光的引力。

我的真理是你在急需時最有把握的助力，是如夜空一般的莊嚴，又如嬰兒咯咯笑聲般簡單而不可爭議的可靠。

我的真理如劇烈跳動的心那樣大聲，又如與**我**同聲一氣吸入的氣息那麼安靜。

我不會離開你，**我無法**離開你，因為你是**我的**創造和**我的**產品，**我的**女兒和**我的**兒子，**我的**目的和**我的**……**自己**。

所以，不論何時何地，
當你離開了平安（那是**我**）時，呼叫**我**。
我會在，
連同**眞理**，
和**光**，
和**愛**。

Eurasian Publishing Group
圓神出版事業機構
用心與你對話．視野無限寬廣
方智出版社
Fine Press

www.booklife.com.tw reader@mail.eurasian.com.tw

新時代系列 80

與神對話 I

作　　者／尼爾．唐納．沃許（Neale Donald Walsch）
譯　　者／王季慶
發 行 人／簡志忠
出 版 者／方智出版社股份有限公司
地　　址／台北市南京東路四段50號6樓之1
電　　話／（02）2579-6600．2579-8800．2570-3939
傳　　真／（02）2579-0338．2577-3220．2570-3636
總 編 輯／陳秋月
資深主編／賴良珠
責任編輯／楊嘉瑤
校　　對／賴良珠
美術編輯／潘大智
行銷企畫／王莉莉
印務統籌／劉鳳剛．高榮祥
監　　印／高榮祥
排　　版／莊寶鈴
經 銷 商／叩應股份有限公司
郵撥帳號／18707239
法律顧問／圓神出版事業機構法律顧問　蕭雄淋律師
印　　刷／祥峰印刷廠
1998年5月　初版
2024年8月　115刷
Conversations with God (book I)

定價 320 元　　ISBN 957-679-556-7　

你本來就應該得到生命所必須給你的一切美好！
祕密，就是過去、現在和未來的一切解答。

——《The Secret 祕密》

國家圖書館出版品預行編目資料

與神對話I /尼爾・唐納・沃許 (Neale Donald Walsch)著；王季慶譯. -- 初版. -- 臺北市：方智, 1995.5
368 面；14.8×20.8 公分 --（新時代系列；80）
譯自：Conversations with God (book I)
ISBN 957-679-556-7 (軟精裝)

1. 哲學-論文，講詞著

107　　87005103